国家自然科学基金委项目（71672084）
江苏省科技厅思想库项目（BR2017049）
江苏人才发展战略研究院重点项目

周小虎 / 著

中国创业竞争力发展报告（2018）

THE DEVELOPMENT OF ENTREPRENEURIAL COMPETITIVENESS IN CHINA（2018）

江苏人才发展战略研究院、南京理工大学创业教育学院
江苏省科技厅思想库 ● 共同发布

经济管理出版社
ECONOMY & MANAGEMENT PUBLISHING HOUSE

图书在版编目（CIP）数据

中国创业竞争力发展报告.2018/周小虎著.—北京：经济管理出版社，2018.12
ISBN 978－7－5096－6296－0

Ⅰ.①中… Ⅱ.①周… Ⅲ.①企业发展—研究报告—中国—2018 Ⅳ.①F279.2

中国版本图书馆 CIP 数据核字（2018）第 293750 号

组稿编辑：张　艳
责任编辑：丁慧敏
责任印制：黄章平
责任校对：董杉珊

出版发行：经济管理出版社
（北京市海淀区北蜂窝 8 号中雅大厦 A 座 11 层　100038）
网　　址：www.E-mp.com.cn
电　　话：(010) 51915602
印　　刷：三河市延风印装有限公司
经　　销：新华书店
开　　本：720mm×1000mm/16
印　　张：11
字　　数：176 千字
版　　次：2018 年 12 月第 1 版　2018 年 12 月第 1 次印刷
书　　号：ISBN 978－7－5096－6296－0
定　　价：49.00 元

·版权所有　翻印必究·
凡购本社图书，如有印装错误，由本社读者服务部负责调换。
联系地址：北京阜外月坛北小街 2 号
电话：(010) 68022974　邮编：100836

《中国创业竞争力发展报告（2018）》课题组

周小虎　张　慧　毕　轲　王帅彬
杨倚奇　吴　杲　段　光　鲁　涛
张双喜　田　辉　马士斌

目 录

第一章 中国创业发展总体评价及排序 ………………………………… 1

    第一节　中国创业发展总体概况 ……………………………………… 1

    第二节　2017年各省份创业发展评价和排序 ……………………… 3

    第三节　2017年全国百强城市创业发展评价和排序 …………… 12

第二章 中国创业发展评价理论与方法 ………………………………… 32

    第一节　中国创业发展研究理论基础 ……………………………… 32

    第二节　中国创业发展研究的指标体系构建 …………………… 36

    第三节　创业人才竞争力数据获取方法 …………………………… 39

第三章 区域创业竞争力特色指标分析 ………………………………… 41

    第一节　创业规模竞争力 …………………………………………… 41

    第二节　创业科技化水平 …………………………………………… 44

    第三节　创业活跃程度 ……………………………………………… 47

    第四节　创业经济产出 ……………………………………………… 50

第四章　区域城市创业发展评价及排序 ………………………………… 52

第一节　河北省 ……………………………………………………… 52
第二节　山西省 ……………………………………………………… 56
第三节　内蒙古自治区 ……………………………………………… 60
第四节　辽宁省 ……………………………………………………… 64
第五节　吉林省 ……………………………………………………… 68
第六节　黑龙江省 …………………………………………………… 72
第七节　江苏省 ……………………………………………………… 76
第八节　浙江省 ……………………………………………………… 80
第九节　安徽省 ……………………………………………………… 84
第十节　福建省 ……………………………………………………… 88
第十一节　江西省 …………………………………………………… 92
第十二节　山东省 …………………………………………………… 96
第十三节　河南省 …………………………………………………… 101
第十四节　湖北省 …………………………………………………… 106
第十五节　湖南省 …………………………………………………… 111
第十六节　广东省 …………………………………………………… 116
第十七节　广西壮族自治区 ………………………………………… 121
第十八节　海南省 …………………………………………………… 125
第十九节　四川省 …………………………………………………… 128
第二十节　贵州省 …………………………………………………… 133
第二十一节　云南省 ………………………………………………… 137
第二十二节　西藏自治区 …………………………………………… 142
第二十三节　陕西省 ………………………………………………… 145
第二十四节　甘肃省 ………………………………………………… 149
第二十五节　青海省 ………………………………………………… 154

第二十六节　宁夏回族自治区 …………………………………………… 158

第二十七节　新疆维吾尔自治区 ………………………………………… 161

编者说明 ………………………………………………………………………… 166

第一章 中国创业发展总体评价及排序

第一节 中国创业发展总体概况

从计划经济到市场经济,一波又一波的创业弄潮儿前赴后继,迸发出惊人的创造力。自改革开放以来,国内创业发展及演变主要分为三个阶段。

第一阶段:1979~1989 年的草根创业阶段,以支持个体经济发展的创业政策支持和指导为主。第二阶段:1992~1997 年的下海创业阶段,鼓励非公有制经济发展的创业政策为该阶段的创业活动提供了重要的支持环境。第三阶段:1997~2000 年的互联网创业阶段,国家出台一系列鼓励以创业带动就业的政策,成为我国实施扩大就业发展战略的重要内容。每一次的创业变革都深刻改变了后来的经济发展格局和社会生活,新的时代对创业活动又提出了新的要求。

2015 年 3 月 23 日,《中共中央国务院关于深化体制机制改革加快实施创新驱动发展战略的若干意见》发布,指出创新既是推动一个国家和民族向前发展的重要力量,也是推动整个人类社会向前发展的重要力量。面对经济发展新常态下的趋势变化和特点,面对实现"两个一百年"奋斗目标的历史任务和要求,必须深化体制机制改革,加快实施创新驱动发展战略。该意见包含九大部分共 30

条，为促进创新提供了全面的政策引导。2015年6月，《国务院关于大力推进大众创业、万众创新若干政策措施的意见》出台，这是推动大众创业、万众创新的系统性、普惠性政策文件。推进"大众创业、万众创新"，既是发展的动力之源，也是富民之道、公平之计、强国之策，对推动经济结构调整、打造发展新引擎、增强发展新动力、走创新驱动发展道路具有重要意义，是稳增长、扩就业、激发亿万群众智慧和创造力，促进社会纵向流动、公平正义的重大举措。2017年7月，国务院印发《关于强化实施创新驱动发展战略进一步推进大众创业、万众创新深入发展的意见》，明确指出大众创业、万众创新深入发展是实施创新驱动发展战略的重要载体。

除了各种政策引导，国务院办公厅从2016年起开始建设"大众创业、万众创新"示范基地，取得了显著成效，形成了一批创新创业高地，打造了一批创新创业品牌，探索了一批创新创业制度模式。双创示范基地已经成为促进转型升级和创新发展的重要抓手。2017年9月14日，《国务院办公厅关于推广支持创新相关改革举措的通知》发布，为深入实施创新驱动发展战略，党中央、国务院确定在京津冀、上海、广东（珠三角）、安徽（合芜蚌）、四川（成德绵）、湖北武汉、陕西西安、辽宁沈阳8个区域开展全面创新改革试验，推进相关改革举措先行先试，着力破除制约创新发展的体制机制障碍。

近年来，系列双创政策不断出现，催生了数量众多的市场新生力量，市场活力也得到极大的释放。2016年全国新增创业企业数为1406万个，其中北京新增创业企业数为57.5万个。2016年全国新增战略新兴产业创业企业数为241.7万个，其中北京新增战略新兴产业创业企业数为8.7万个。2016年全国创业企业注册资本额达到929548万亿元，其中北京创业企业注册资本额达到62971亿元。2016年全国战略新兴产业创业企业注册资本额达到220189万亿元，其中北京战略新兴产业创业企业注册资本额达到11944亿元。大众创业、万众创新的浪潮促进了观念更新、制度创新和生产经营管理方式的深刻变革，有效地提高了创新效率、缩短了创新路径，已成为稳定和扩大就业的重要支撑、推动新旧动能转换和结构转型升级的重要力量，正在成为中国经济行稳致远的活力之源。

第二节 2017年各省份创业发展评价和排序

区域创业竞争力一级指标包括区域创业规模竞争力指标、区域创业环境竞争力指标和区域创业产出竞争力指标。表1-1是2016年全国各省份创业竞争力一级指标得分及其排序。

表1-1 2017年全国各省份创业竞争力得分及其排序

城市	创业竞争力 得分	排序	01 创业规模 得分	排序	02 创业环境 得分	排序	03 创业产出水平 得分	排序
广东省	0.9056	1	0.899	1	0.830	1	0.945	1
江苏省	0.8058	2	0.746	2	0.678	4	0.909	2
北京市	0.7884	3	0.684	5	0.804	2	0.863	3
上海市	0.7596	4	0.729	4	0.699	3	0.811	4
浙江省	0.7236	5	0.681	6	0.639	6	0.794	5
山东省	0.6922	6	0.739	3	0.653	5	0.673	6
福建省	0.5630	7	0.608	7	0.561	9	0.529	9
四川省	0.5628	8	0.573	10	0.550	10	0.560	7
安徽省	0.5511	9	0.557	11	0.526	12	0.558	8
湖北省	0.5448	10	0.554	12	0.625	7	0.502	10
河南省	0.4572	11	0.583	9	0.425	17	0.373	12
河北省	0.4227	12	0.608	8	0.450	16	0.267	15
湖南省	0.4060	13	0.409	16	0.562	8	0.334	13
天津市	0.3944	14	0.338	22	0.459	15	0.410	11
辽宁省	0.3813	15	0.448	14	0.491	13	0.280	14
重庆市	0.3695	16	0.486	13	0.480	14	0.230	16
陕西省	0.3029	17	0.316	25	0.527	11	0.193	17
广西壮族自治区	0.2635	18	0.393	19	0.279	19	0.156	19
江西省	0.2575	19	0.408	17	0.198	25	0.167	18

续表

城市	创业竞争力 得分	排序	01 创业规模 得分	排序	02 创业环境 得分	排序	03 创业产出水平 得分	排序
云南省	0.2491	20	0.410	15	0.212	22	0.141	21
贵州省	0.2276	21	0.399	18	0.173	26	0.119	22
吉林省	0.2187	22	0.344	20	0.320	18	0.076	25
黑龙江省	0.2163	23	0.289	26	0.255	20	0.143	20
山西省	0.1976	24	0.340	21	0.213	21	0.080	24
内蒙古自治区	0.1850	25	0.332	23	0.203	24	0.062	27
甘肃省	0.1767	26	0.323	24	0.208	23	0.049	28
新疆维吾尔自治区	0.1423	27	0.212	28	0.134	29	0.092	23
宁夏回族自治区	0.1389	28	0.220	27	0.166	27	0.064	26
海南省	0.0963	29	0.175	29	0.111	30	0.029	29
西藏自治区	0.0851	30	0.166	30	0.073	31	0.027	30
青海省	0.0837	31	0.136	31	0.163	28	0.008	31

创业规模体现着区域现有的创业力量以及未来潜在的可能拥有的创业能力［每百万人口中创业企业数量、当年创业企业数（2016年）、当年科技创业企业数（2016年）、当年科技创业企业占比等］，是推动一个区域经济与社会转型升级的核心竞争力。

创业环境竞争力指标反映区域创新创业的外部影响（办公租金、政府支持、市场环境、创业氛围等）因素，对区域创业活动和创业产出起到正向（激扬、促进）或反向（压抑、制约）作用。

创业产出竞争力指标反映区域创业成果（经济成果、科技成果、新三板企业数量等）因素，对推动未来区域经济结构调整、打造发展新引擎、增强发展新动力具有重要意义。

一、区域创业总量竞争力指标

区域创业规模指标衡量了区域创业企业的规模和占比。该指标使用近三年创业企业数（2014~2016年）、近三年创业企业注册资本（2014~2016年）、当年

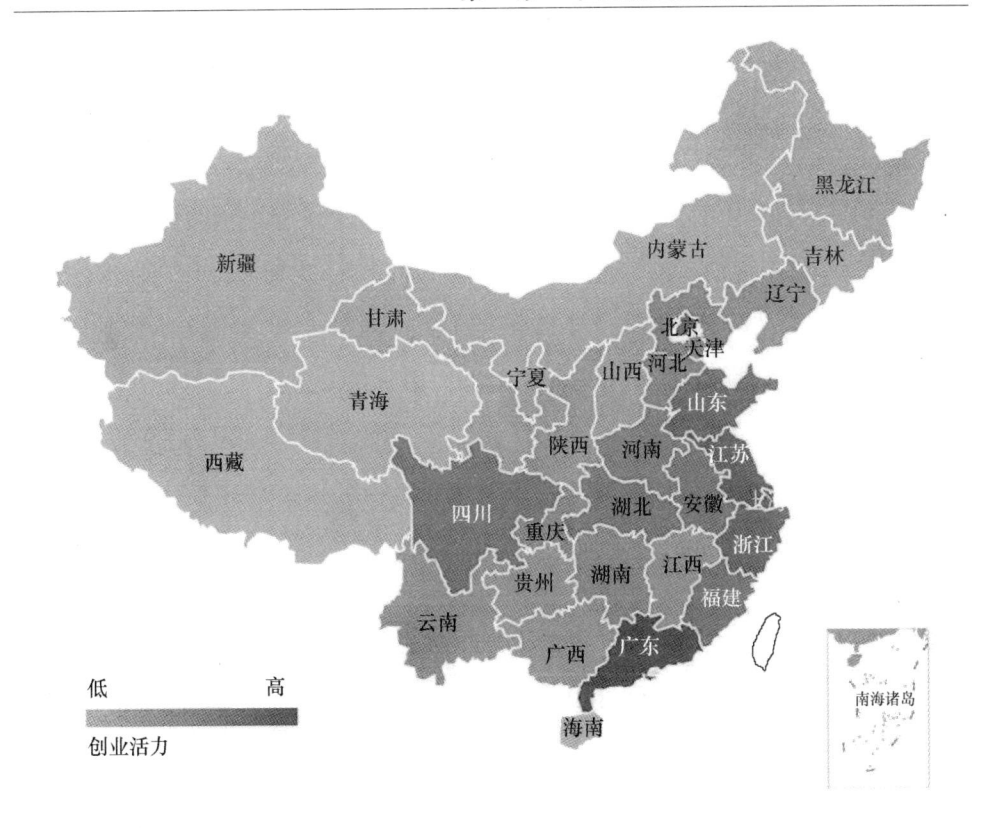

图 1-1 全国各省份创业竞争力示意图①

创业企业数（2016年）、当年战略新兴产业创业企业数（2016年）、每百万人口中创业企业数（2016年）、当年战略新兴产业创业企业占比（2016年）6个二级指标。

表1-2为2016年全国各省份创业规模竞争力得分及其排序。2016年区域规模创业竞争力总分数在前5位的是广东省、江苏省、北京市、上海市、浙江省。

具体而言，就6个二级指标得分情况来看，广东省、江苏省、北京市、上海市、浙江省在创业企业数和创业企业占比两个指标上有优异表现，占据绝对领先位置。在创业企业科技化（当年战略新兴产业创业企业数）指标上，广东省、

---

① 由于台湾地区部分指标数据缺失，未对台湾地区涂色，显示白色。

山东省、浙江省、河北省、四川省有着良好的表现，占据前 5 的位置。在创业活跃度（每百万人口中创业企业数）指标上，上海市、北京市、广东省、江苏省、浙江省有着良好的表现，占据前 5 的位置。

表 1-2　2017 年全国各省份创业规模竞争力得分及其排序

城市	01 创业规模竞争力 得分	排序	011 近三年创业企业数 得分	排序	012 近三年创业企业注册资本 得分	排序	013 当年创业企业数 得分	排序	014 当年战略新兴产业创业企业数 得分	排序	015 每百万人口中创业企业数 得分	排序	016 当年战略新兴产业创业企业占比 得分	排序
广东省	0.899	1	1.000	1	0.657	2	1.000	1	1.000	1	0.748	3	0.670	6
江苏省	0.746	2	0.816	2	0.628	3	0.834	2	0.673	6	0.724	4	0.359	29
北京市	0.684	5	0.640	8	0.609	6	0.634	9	0.611	12	0.927	2	0.518	22
上海市	0.729	4	0.686	5	0.611	4	0.676	5	0.649	7	1.000	1	0.552	17
浙江省	0.681	6	0.719	4	0.508	7	0.695	4	0.708	3	0.686	5	0.664	7
山东省	0.739	3	0.800	3	0.610	5	0.824	3	0.746	2	0.655	6	0.525	21
福建省	0.608	7	0.604	12	0.481	8	0.608	11	0.629	9	0.649	7	0.676	5
四川省	0.573	10	0.630	9	0.361	12	0.635	8	0.679	5	0.419	23	0.746	4
安徽省	0.557	11	0.611	11	0.300	14	0.613	10	0.624	10	0.483	14	0.641	9
湖北省	0.554	12	0.623	10	0.263	15	0.604	12	0.621	11	0.475	17	0.659	8
河南省	0.583	9	0.659	6	0.458	9	0.661	6	0.635	8	0.422	21	0.538	18
河北省	0.608	8	0.649	7	0.374	11	0.653	7	0.706	4	0.516	12	0.764	3
湖南省	0.409	16	0.512	13	0.229	20	0.500	13	0.261	24	0.331	29	0.308	30
天津市	0.338	22	0.205	26	0.232	19	0.215	26	0.356	16	0.607	9	0.841	2
辽宁省	0.448	14	0.493	14	0.249	17	0.470	14	0.377	15	0.482	15	0.474	26
重庆市	0.486	13	0.409	18	1.000	1	0.375	19	0.326	19	0.557	10	0.514	23
陕西省	0.316	25	0.314	21	0.167	22	0.334	21	0.227	25	0.395	27	0.402	28
广西壮族自治区	0.393	19	0.440	15	0.180	21	0.424	16	0.338	17	0.396	26	0.471	27
江西省	0.408	17	0.413	17	0.234	18	0.421	17	0.430	14	0.414	24	0.602	13
云南省	0.410	15	0.420	16	0.139	23	0.445	15	0.447	13	0.421	22	0.593	15
贵州省	0.399	18	0.393	19	0.255	16	0.392	18	0.330	18	0.498	13	0.498	25
吉林省	0.344	20	0.297	23	0.319	13	0.285	23	0.290	22	0.465	18	0.599	14

续表

城市	01 创业规模竞争力 得分	排序	011 近三年创业企业数 得分	排序	012 近三年创业企业注册资本 得分	排序	013 当年创业企业数 得分	排序	014 当年战略新兴产业创业企业数 得分	排序	015 每百万人口中创业企业数量 得分	排序	016 当年战略新兴产业创业企业占比 得分	排序
黑龙江省	0.289	26	0.283	24	0.131	26	0.272	25	0.280	23	0.320	30	0.605	12
山西省	0.340	21	0.344	20	0.136	25	0.337	20	0.301	20	0.413	25	0.528	19
内蒙古自治区	0.332	23	0.305	22	0.363	11	0.293	22	0.134	27	0.523	11	0.270	31
甘肃省	0.323	24	0.282	25	0.138	24	0.277	24	0.293	21	0.477	16	0.616	10
新疆维吾尔自治区	0.212	28	0.171	27	0.101	27	0.163	27	0.170	26	0.311	31	0.609	11
宁夏回族自治区	0.220	27	0.098	28	0.061	29	0.099	28	0.088	28	0.623	8	0.525	20
海南省	0.175	29	0.091	29	0.066	28	0.088	29	0.074	29	0.433	20	0.500	24
西藏自治区	0.166	30	0.026	31	0.026	30	0.033	31	0.068	30	0.454	19	1.000	1
青海省	0.136	31	0.047	30	0.021	31	0.048	30	0.048	31	0.369	28	0.584	16

二、区域创业环境竞争力指标

区域创业环境指标反映了创业活动关键投入要素的供给状况，具体包含区域平均办公租金、区域平均劳动力成本、宏观综合赋税水平、创业网站个数、区域创业新闻条数5个二级指标。其中，宏观综合赋税水平是区域税收收入占GDP的比重。

表1-3为2016年全国各省份创业环境竞争力得分及其排序。2016年区域环境创业竞争力总分数排序前5位的依次是广东省、北京市、上海市、江苏省、山东省。

表1-3　2016年全国各省份创业环境竞争力得分及其排序

城市	02 创业环境竞争力 得分	排序	021 区域平均办公租金 得分	排序	022 区域平均劳动力成本 得分	排序	023 宏观综合赋税水平 得分	排序	024 创业网站个数 得分	排序	025 区域创业新闻条数 得分	排序
广东省	0.830	1	0.337	24	0.494	28	0.476	27	0.786	2	1.000	1
江苏省	0.678	4	0.360	23	0.507	26	0.512	24	0.679	4	0.749	4
北京市	0.804	2	0.067	31	0.377	30	0.260	30	1.000	1	0.820	2
上海市	0.699	3	0.127	30	0.530	23	0.250	31	0.732	3	0.801	3
浙江省	0.639	6	0.326	26	0.536	22	0.497	26	0.636	5	0.704	6
山东省	0.653	5	0.524	21	0.508	25	0.758	8	0.602	6	0.717	5
福建省	0.561	9	0.328	25	0.510	24	0.660	12	0.601	7	0.545	12
四川省	0.550	10	0.601	19	0.661	15	0.621	14	0.398	13	0.660	8
安徽省	0.526	12	0.604	17	0.596	20	0.590	15	0.546	10	0.484	13
湖北省	0.625	7	0.602	18	0.829	5	0.707	9	0.591	9	0.627	9
河南省	0.425	17	0.699	13	0.853	4	0.919	2	0.387	14	0.326	16
河北省	0.450	16	0.422	22	0.700	13	0.784	5	0.523	11	0.324	17
湖南省	0.562	8	0.711	12	0.742	8	1.000	1	0.601	7	0.442	15
天津市	0.459	15	0.189	28	0.415	29	0.506	25	0.352	15	0.583	11
辽宁省	0.491	13	0.646	15	0.711	12	0.904	3	0.443	12	0.446	14
重庆市	0.480	14	0.309	27	0.501	27	0.523	22	0.273	17	0.677	7
陕西省	0.527	11	0.760	7	0.735	9	0.695	10	0.341	16	0.624	10
广西壮族自治区	0.279	19	0.716	11	0.722	11	0.838	5	0.227	18	0.164	21
江西省	0.198	25	0.646	16	0.730	10	0.532	21	0.045	29	0.187	19
云南省	0.212	22	0.695	14	0.665	14	0.543	19	0.159	19	0.118	23
贵州省	0.173	26	0.872	5	0.629	17	0.450	28	0.068	26	0.107	25
吉林省	0.320	18	0.727	10	1.000	1	0.833	6	0.125	21	0.316	18
黑龙江省	0.255	20	1.000	1	0.954	2	0.890	4	0.114	23	0.150	22
山西省	0.213	21	0.775	6	0.870	3	0.583	16	0.148	20	0.095	26
内蒙古自治区	0.203	24	0.747	8	0.647	16	0.666	11	0.125	21	0.111	24
甘肃省	0.208	23	0.735	9	0.827	6	0.624	13	0.057	28	0.168	20
新疆维吾尔自治区	0.134	29	0.962	4	0.589	21	0.522	23	0.023	30	0.047	28
宁夏回族自治区	0.166	27	0.979	3	0.619	18	0.548	18	0.114	23	0.030	29

·8·

续表

城市	02 创业环境竞争力		021 区域平均办公租金		022 区域平均劳动力成本		023 宏观综合赋税水平		024 创业网站个数		025 区域创业新闻条数	
	得分	排序	得分	排序	得分	排序	得分	排序	得分	排序	得分	排序
海南省	0.111	30	0.178	29	0.597	19	0.347	29	0.068	26	0.061	27
西藏自治区	0.073	31	0.593	20	0.230	31	0.538	20	0.000	31	0.012	31
青海省	0.163	28	0.988	2	0.775	7	0.567	17	0.091	25	0.023	30

具体而言，就5个二级指标得分情况来看，黑龙江省、青海省、宁夏回族自治区、新疆维吾尔自治区在区域平均办公租金这个指标上有优异表现，占据前5的位置。在区域平均劳动力成本指标上，吉林省、黑龙江省、山西省、河南省、湖北省有着良好的表现，占据前5的位置。在宏观综合赋税水平指标上，湖南省、河南省、辽宁省、黑龙江省、广西壮族自治区有着良好的表现，占据前5的位置。在区域创业氛围上（创业网站个数、区域创业新闻条数），广东省、北京市、上海市、江苏省、山东省有着良好的表现，占据前5的位置。

三、区域创业产出竞争力指标

区域创业产出指标具体有近三年创业企业专利申请数、近三年创业企业有效发明专利数、近三年创业企业著作权数、新三板企业数、新三板企业市值、近三年战略新兴产业创业企业专利申请数、近三年战略新兴产业创业企业有效发明专利数、近三年战略新兴产业创业企业著作权数8个二级指标。

表1-4为2016年全国各省份创业产出竞争力得分及其排序。2016年区域创业产出竞争力总分数排序前5的依次是广东省、江苏省、北京市、上海市、浙江省。

具体而言，就8个二级指标得分情况来看，在创业企业产出指标上（近三年创业企业专利申请数、近三年创业企业有效发明专利数、近三年创业企业著作权数）。江苏省、广东省、浙江省、山东省、安徽省有优异表现，占据前5的位置。在战略新兴产业创业企业产出指标上（近三年战略新兴产业创业企业专利申请

中国创业竞争力发展报告（2018）

表1-4 2016年全国各省份创业产出竞争力得分及其排序

城市	02 创业产出竞争力 得分	排序	031 近三年创业企业专利申请数 得分	排序	032 近三年创业企业有效发明专利数 得分	排序	033 近三年创业企业著作权数 得分	排序	034 新三板企业数 得分	排序	035 新三板企业市值 得分	排序	036 近三年战略新兴产业创业企业专利申请数 得分	排序	037 近三年战略新兴产业创业企业有效发明专利数 得分	排序	038 近三年战略新兴产业创业企业著作权数 得分	排序
广东省	0.945	1	0.933	2	0.888	3	1.000	1	0.955	2	0.977	2	0.949	2	0.781	3	1.000	1
江苏省	0.909	2	1.000	1	1.000	1	0.918	4	0.906	3	0.658	5	0.841	3	0.772	5	0.651	5
北京市	0.863	3	0.665	7	0.692	6	0.989	2	1.000	1	1.000	1	0.664	8	0.694	7	0.845	2
上海市	0.811	4	0.639	8	0.821	4	0.955	3	0.793	4	0.685	3	0.621	11	0.994	2	0.836	3
浙江省	0.794	5	0.867	3	0.916	2	0.646	5	0.779	5	0.672	4	1.000	1	1.000	1	0.643	6
山东省	0.673	6	0.698	4	0.814	5	0.454	7	0.704	6	0.656	6	0.755	5	0.774	4	0.602	10
福建省	0.529	9	0.593	10	0.585	9	0.436	8	0.544	10	0.213	12	0.636	10	0.634	9	0.608	8
四川省	0.560	7	0.677	6	0.601	8	0.584	6	0.506	11	0.062	22	0.772	4	0.642	8	0.658	4
安徽省	0.558	8	0.677	5	0.675	7	0.376	11	0.584	9	0.161	15	0.723	6	0.704	6	0.531	11
湖北省	0.502	10	0.462	11	0.463	11	0.398	10	0.619	7	0.209	13	0.639	9	0.632	10	0.607	9
河南省	0.373	12	0.420	13	0.243	16	0.240	12	0.612	8	0.216	11	0.306	14	0.203	17	0.242	14
河北省	0.267	15	0.195	20	0.204	18	0.176	14	0.371	14	0.334	7	0.319	13	0.363	12	0.300	12
湖南省	0.334	13	0.370	14	0.509	10	0.193	13	0.385	13	0.192	14	0.194	19	0.234	16	0.021	27
天津市	0.410	11	0.616	9	0.351	12	0.434	9	0.325	15	0.107	17	0.712	7	0.577	11	0.608	7
辽宁省	0.280	14	0.217	19	0.313	13	0.176	15	0.388	12	0.074	20	0.247	18	0.279	13	0.287	13

续表

城市	02 创业产出竞争力 得分	02 创业产出竞争力 排序	031 近三年创业企业专利申请数 得分	031 近三年创业企业专利申请数 排序	032 近三年创业企业有效发明专利数 得分	032 近三年创业企业有效发明专利数 排序	033 近三年创业企业著作权数 得分	033 近三年创业企业著作权数 排序	034 新三板企业数 得分	034 新三板企业数 排序	035 新三板企业市值 得分	035 新三板企业市值 排序	036 近三年战略新兴产业创业企业专利申请数 得分	036 近三年战略新兴产业创业企业专利申请数 排序	037 近三年战略新兴产业创业企业有效发明专利数 得分	037 近三年战略新兴产业创业企业有效发明专利数 排序	038 近三年战略新兴产业创业企业著作权数 得分	038 近三年战略新兴产业创业企业著作权数 排序
重庆市	0.230	16	0.434	12	0.269	15	0.123	18	0.196	19	0.105	18	0.500	12	0.276	14	0.130	16
陕西省	0.193	17	0.261	16	0.123	21	0.175	16	0.256	16	0.235	10	0.108	22	0.104	23	0.098	20
广西壮族自治区	0.156	19	0.317	15	0.286	14	0.048	24	0.104	24	0.000	31	0.275	15	0.172	20	0.026	25
江西省	0.167	18	0.245	18	0.102	22	0.080	20	0.236	17	0.252	9	0.258	17	0.104	22	0.099	19
云南省	0.141	21	0.122	22	0.136	19	0.124	17	0.170	21	0.027	24	0.168	21	0.203	18	0.163	15
贵州省	0.119	22	0.250	17	0.208	17	0.057	22	0.049	29	0.001	27	0.181	20	0.273	15	0.060	21
吉林省	0.076	25	0.039	27	0.061	26	0.035	25	0.147	22	0.067	21	0.025	28	0.048	25	0.023	26
黑龙江省	0.143	20	0.175	21	0.128	20	0.070	21	0.181	20	0.116	16	0.267	16	0.183	19	0.119	17
山西省	0.080	24	0.064	23	0.077	23	0.083	19	0.101	25	0.000	30	0.060	23	0.028	27	0.112	18
内蒙古自治区	0.062	27	0.043	26	0.059	27	0.053	23	0.101	25	0.000	28	0.039	27	0.048	26	0.019	28
甘肃省	0.049	28	0.050	25	0.063	25	0.027	27	0.058	28	0.038	23	0.054	24	0.059	24	0.026	24
新疆维吾尔自治区	0.092	23	0.059	24	0.038	28	0.029	26	0.207	18	0.103	19	0.053	25	0.014	28	0.028	23
宁夏回族自治区	0.064	26	0.039	28	0.076	24	0.010	29	0.115	23	0.011	26	0.047	26	0.110	21	0.012	29
海南省	0.029	29	0.011	30	0.013	29	0.024	28	0.060	27	0.000	29	0.008	30	0.003	30	0.029	22
西藏自治区	0.027	30	0.001	31	0.000	31	0.006	30	0.043	30	0.256	8	0.001	31	0.000	31	0.005	30
青海省	0.008	31	0.012	29	0.006	30	0.004	31	0.009	31	0.021	25	0.009	29	0.008	29	0.003	31

数、近三年战略新兴产业创业企业有效发明专利数、近三年战略新兴产业创业企业著作权数)。江苏省、广东省、浙江省、山东省、安徽省有优异表现，占据前5的位置。在经济产出指标上(新三板企业数、新三板企业市值)，广东省、浙江省、江苏省、上海市、四川省有着良好的表现，占据前5的位置。

第三节 2017年全国百强城市创业发展评价和排序

2016年全国百强城市创业竞争力得分及其排序如表1-5所示。

表1-5 2016年全国百强城市创业竞争力得分及其排序

城市	创业竞争力 得分	排序	01 创业规模 得分	排序	02 创业环境 得分	排序	03 创业产出水平 得分	排序
北京市	0.8682	1	0.772	3	0.880	1	0.938	1
上海市	0.8518	2	0.824	2	0.785	2	0.903	2
深圳市	0.8359	3	0.936	1	0.730	3	0.805	3
苏州市	0.6998	4	0.653	15	0.603	11	0.780	4
成都市	0.6989	5	0.744	4	0.633	8	0.693	6
广州市	0.6950	6	0.713	6	0.650	7	0.701	5
杭州市	0.6837	7	0.733	5	0.605	10	0.680	8
重庆市	0.6690	8	0.710	7	0.670	4	0.637	13
宁波市	0.6597	9	0.681	9	0.569	30	0.683	7
南京市	0.6527	10	0.682	8	0.602	12	0.652	12
天津市	0.6520	11	0.643	16	0.618	9	0.674	9
青岛市	0.6461	12	0.660	11	0.588	15	0.661	10
郑州市	0.6332	13	0.680	10	0.582	20	0.619	16
西安市	0.6300	14	0.629	23	0.657	5	0.619	17
无锡市	0.6296	15	0.632	22	0.571	28	0.654	11
东莞市	0.6278	16	0.642	17	0.587	17	0.634	14

续表

城市	创业竞争力 得分	排序	01 创业规模 得分	排序	02 创业环境 得分	排序	03 创业产出水平 得分	排序
武汉市	0.6256	17	0.656	13	0.654	6	0.589	27
济南市	0.6187	18	0.636	20	0.579	24	0.623	15
合肥市	0.6141	19	0.639	18	0.593	14	0.604	22
厦门市	0.6135	20	0.653	14	0.577	26	0.599	24
长沙市	0.6104	21	0.625	27	0.600	13	0.604	23
石家庄市	0.6099	22	0.659	12	0.586	18	0.582	30
福州市	0.6088	23	0.627	24	0.568	31	0.613	19
大连市	0.6045	24	0.617	33	0.578	25	0.606	21
常州市	0.5955	25	0.605	42	0.572	27	0.599	25
哈尔滨市	0.5952	26	0.610	38	0.587	16	0.587	28
沈阳市	0.5934	27	0.621	29	0.582	21	0.577	32
南通市	0.5878	28	0.575	62	0.561	34	0.610	20
佛山市	0.5832	29	0.595	48	0.484	39	0.618	18
烟台市	0.5775	30	0.620	30	0.581	22	0.543	35
温州市	0.5751	31	0.638	19	0.564	33	0.531	40
潍坊市	0.5748	32	0.623	28	0.585	19	0.532	39
昆明市	0.5712	33	0.558	65	0.566	32	0.584	29
金华市	0.5644	34	0.626	25	0.386	56	0.596	26
贵阳市	0.5575	35	0.625	26	0.500	37	0.530	41
嘉兴市	0.5382	36	0.635	21	0.368	64	0.539	36
泉州市	0.5350	37	0.608	40	0.404	49	0.536	37
徐州市	0.5269	38	0.611	35	0.424	46	0.507	46
南昌市	0.5225	39	0.608	41	0.382	58	0.519	42
扬州市	0.5210	40	0.614	34	0.328	72	0.535	38
南宁市	0.5163	41	0.620	31	0.570	29	0.412	57
太原市	0.5101	42	0.602	44	0.487	38	0.449	51
芜湖市	0.5058	43	0.469	93	0.449	44	0.560	33
镇江市	0.5044	44	0.512	79	0.380	60	0.554	34
珠海市	0.5036	45	0.488	88	0.365	65	0.578	31

续表

城市	创业竞争力 得分	排序	01 创业规模 得分	排序	02 创业环境 得分	排序	03 创业产出水平 得分	排序
中山市	0.5010	46	0.544	71	0.385	57	0.519	43
淄博市	0.4904	47	0.575	61	0.450	43	0.443	52
湖州市	0.4892	48	0.564	64	0.302	75	0.514	45
绍兴市	0.4859	49	0.605	43	0.213	105	0.515	44
洛阳市	0.4840	50	0.592	52	0.409	47	0.434	55
长春市	0.4836	51	0.618	32	0.581	23	0.336	68
盐城市	0.4823	52	0.610	36	0.250	90	0.486	48
唐山市	0.4734	53	0.597	46	0.505	36	0.363	64
泰州市	0.4728	54	0.588	55	0.378	62	0.426	56
惠州市	0.4724	55	0.556	67	0.406	48	0.437	54
台州市	0.4685	56	0.600	45	0.228	96	0.473	49
威海市	0.4553	57	0.570	63	0.220	103	0.471	50
济宁市	0.4421	58	0.592	51	0.275	83	0.399	58
保定市	0.4291	59	0.609	39	0.399	50	0.302	73
绵阳市	0.4274	60	0.481	90	0.453	42	0.374	63
宿迁市	0.4257	61	0.548	69	0.447	45	0.321	71
德州市	0.4235	62	0.495	86	0.513	35	0.328	70
银川市	0.4225	63	0.542	72	0.378	61	0.350	65
襄阳市	0.4169	64	0.556	66	0.459	41	0.290	75
淮安市	0.4152	65	0.547	70	0.361	66	0.336	67
兰州市	0.4101	66	0.595	47	0.381	59	0.279	80
海口市	0.4097	67	0.610	37	0.356	69	0.278	81
滨州市	0.4085	68	0.578	60	0.390	54	0.285	78
临沂市	0.4060	69	0.586	57	0.237	94	0.341	66
阜阳市	0.3856	70	0.506	81	0.398	51	0.287	76
廊坊市	0.3848	71	0.593	50	0.303	74	0.259	86
马鞍山市	0.3807	72	0.381	117	0.138	181	0.489	47
蚌埠市	0.3714	73	0.336	140	0.373	63	0.399	59
呼和浩特市	0.3677	74	0.518	75	0.357	67	0.255	87

续表

城市	创业竞争力		01 创业规模		02 创业环境		03 创业产出水平	
	得分	排序	得分	排序	得分	排序	得分	排序
漳州市	0.3628	75	0.460	96	0.269	84	0.329	69
东营市	0.3587	76	0.417	105	0.193	115	0.387	61
菏泽市	0.3543	77	0.589	54	0.267	85	0.211	100
邯郸市	0.3542	78	0.593	49	0.301	76	0.192	105
宜昌市	0.3514	79	0.517	76	0.256	87	0.265	84
聊城市	0.3483	80	0.548	68	0.212	106	0.253	88
安庆市	0.3453	81	0.454	98	0.222	101	0.316	72
沧州市	0.3411	82	0.587	56	0.166	144	0.228	92
桂林市	0.3407	83	0.407	112	0.349	70	0.286	77
衢州市	0.3395	84	0.359	128	0.085	299	0.437	53
丽水市	0.3388	85	0.352	130	0.188	121	0.395	60
赣州市	0.3292	86	0.527	74	0.183	127	0.240	90
乌鲁木齐市	0.3291	87	0.508	80	0.140	174	0.274	82
泰安市	0.3235	88	0.473	92	0.291	78	0.222	96
新乡市	0.3215	89	0.467	94	0.223	99	0.252	89
连云港市	0.3182	90	0.487	89	0.254	88	0.216	97
衡水市	0.3167	91	0.591	53	0.241	93	0.137	129
柳州市	0.3114	92	0.387	116	0.219	104	0.294	74
邢台市	0.3110	93	0.586	58	0.243	91	0.127	135
秦皇岛市	0.3107	94	0.430	103	0.319	73	0.214	99
遵义市	0.3059	95	0.517	77	0.166	143	0.204	101
江门市	0.3054	96	0.345	134	0.287	81	0.283	79
吉林市	0.2978	97	0.397	115	0.470	40	0.144	123
南阳市	0.2974	98	0.580	59	0.181	130	0.130	132
宣城市	0.2906	99	0.294	164	0.092	273	0.376	62
黄冈市	0.2883	100	0.447	99	0.153	162	0.225	94

一、区域创业规模竞争力

区域创业规模指标衡量了区域创业企业的规模和占比。该指标使用近三年创业企业数（2014~2016 年）、近三年创业企业注册资本（2014~2016 年）、当年创业企业数（2016 年）、当年战略新兴产业创业企业数（2016 年）、每百万人口中创业企业数（2016 年）、当年战略新兴产业创业企业占比（2016 年）6 个二级指标。

表 1-6 为 2016 年全国百强城市创业规模竞争力得分及其排序。2016 年创业规模竞争力总分数前 10 的依次是北京市、上海市、深圳市、成都市、杭州市、广州市、重庆市、南京市、宁波市、郑州市。具体而言，就 6 个二级指标得分情况来看，在创业企业数指标上，深圳市、上海市、北京市、广州市、重庆市、成都市、南京市、苏州市、杭州市、青岛市 10 个市有优异表现，占据绝对领先位置。而重庆市、深圳市、上海市、北京市、苏州市、天津市、成都市、福州市、广州市、南京市在创业企业注册资本指标上占据前 10 的位置。在创业企业科技化（当年战略新兴产业创业企业数）指标上，深圳市、上海市、成都市、广州市、北京市、天津市、武汉市、杭州市、重庆市、石家庄市有着良好的表现，占据前 10 的位置。在创业活跃度（每百万人口中创业企业数）指标上，杭州市、深圳市、成都市、宁波市、嘉兴市、金华市、郑州市、湖州市、南京市、温州市有着良好的表现，占据前 10 的位置。

表 1-6 2016 年全国百强城市创业规模竞争力得分及其排序

城市	01 创业规模竞争力		011 近三年创业企业数		012 近三年创业企业注册资本		013 当年创业企业数		014 当年战略新兴产业创业企业数		015 每百万人口中创业企业数		016 当年战略新兴产业创业企业占比	
	得分	排序	得分	排序	得分	排序	得分	排序	得分	排序	得分	排序	得分	排序
北京市	0.772	3	0.862	3	0.637	4	0.842	3	0.749	5	0.682	17	0.558	65
上海市	0.824	2	0.940	2	0.639	3	0.912	2	0.805	2	0.700	16	0.595	59
深圳市	0.936	1	1.000	1	0.653	2	1.000	1	1.000	1	0.943	2	0.645	15

续表

城市	01 创业规模竞争力 得分	排序	011 近三年创业企业数 得分	排序	012 近三年创业企业注册资本 得分	排序	013 当年创业企业数 得分	排序	014 当年战略新兴产业创业企业数 得分	排序	015 每百万人口中创业企业数 得分	排序	016 当年战略新兴产业创业企业占比 得分	排序
苏州市	0.653	15	0.685	8	0.610	5	0.683	8	0.616	32	0.702	15	0.265	98
成都市	0.744	4	0.719	6	0.608	7	0.723	6	0.778	3	0.870	3	0.697	2
广州市	0.713	6	0.737	4	0.607	9	0.738	5	0.775	4	0.678	18	0.676	5
杭州市	0.733	5	0.681	9	0.606	12	0.676	9	0.670	8	1.000	1	0.631	23
重庆市	0.710	7	0.726	5	1.000	1	0.710	7	0.665	9	0.600	74	0.553	67
宁波市	0.681	9	0.650	16	0.602	22	0.643	20	0.643	14	0.846	4	0.635	20
南京市	0.682	8	0.708	7	0.606	10	0.740	4	0.623	23	0.758	9	0.209	100
天津市	0.643	16	0.654	14	0.609	6	0.655	15	0.673	6	0.605	72	0.672	8
青岛市	0.660	11	0.676	10	0.605	13	0.675	11	0.649	12	0.665	22	0.600	58
郑州市	0.680	10	0.672	11	0.606	11	0.675	10	0.643	13	0.789	7	0.545	68
西安市	0.629	23	0.652	15	0.603	15	0.656	14	0.616	31	0.646	31	0.359	91
无锡市	0.632	22	0.627	31	0.601	27	0.626	29	0.628	20	0.662	23	0.637	18
东莞市	0.642	17	0.663	13	0.600	35	0.664	13	0.628	21	0.662	24	0.448	79
武汉市	0.656	13	0.672	12	0.603	14	0.667	12	0.672	7	0.641	42	0.647	13
济南市	0.636	20	0.638	22	0.603	16	0.639	24	0.642	15	0.642	38	0.640	16
合肥市	0.639	18	0.646	18	0.602	20	0.648	16	0.633	18	0.646	33	0.605	51
厦门市	0.653	14	0.638	21	0.602	18	0.639	23	0.653	11	0.715	14	0.667	9
长沙市	0.625	27	0.644	19	0.601	29	0.645	19	0.614	35	0.646	32	0.400	88
石家庄市	0.659	12	0.649	17	0.602	24	0.648	17	0.654	10	0.722	12	0.649	12
福州市	0.627	24	0.630	28	0.608	8	0.632	27	0.622	22	0.627	53	0.620	34
大连市	0.617	33	0.626	33	0.601	25	0.624	32	0.617	28	0.632	50	0.503	76
常州市	0.605	42	0.611	53	0.601	28	0.610	49	0.602	54	0.617	62	0.509	75
哈尔滨市	0.610	38	0.624	37	0.591	37	0.621	39	0.614	36	0.583	75	0.606	48
沈阳市	0.621	29	0.628	29	0.600	34	0.625	31	0.615	33	0.619	61	0.619	36
南通市	0.575	62	0.620	41	0.602	23	0.616	43	0.602	55	0.467	82	0.416	86
佛山市	0.595	48	0.631	27	0.419	55	0.628	28	0.608	45	0.621	57	0.433	82
烟台市	0.620	30	0.631	26	0.600	33	0.640	22	0.613	37	0.644	36	0.409	87

续表

城市	01 创业规模竞争力 得分	排序	011 近三年创业企业数 得分	排序	012 近三年创业企业注册资本 得分	排序	013 当年创业企业数 得分	排序	014 当年战略新兴产业创业企业数 得分	排序	015 每百万人口中创业企业数 得分	排序	016 当年战略新兴产业创业企业占比 得分	排序
温州市	0.638	19	0.634	25	0.443	51	0.624	34	0.638	16	0.751	10	0.678	4
潍坊市	0.623	28	0.636	23	0.553	41	0.639	25	0.628	19	0.621	59	0.609	45
昆明市	0.558	65	0.641	20	0.601	31	0.640	21	0.636	17	0.251	100	0.626	29
金华市	0.626	25	0.627	30	0.347	62	0.624	35	0.611	40	0.797	6	0.530	71
贵阳市	0.625	26	0.624	36	0.602	19	0.622	38	0.619	26	0.648	29	0.621	33
嘉兴市	0.635	21	0.609	55	0.521	42	0.607	55	0.601	59	0.811	5	0.518	73
泉州市	0.608	40	0.625	34	0.506	44	0.626	30	0.616	30	0.611	70	0.601	55
徐州市	0.611	35	0.622	38	0.600	32	0.622	37	0.603	52	0.651	27	0.373	89
南昌市	0.608	41	0.612	52	0.561	38	0.612	47	0.610	42	0.616	64	0.618	37
扬州市	0.614	34	0.613	50	0.603	17	0.612	46	0.609	44	0.625	54	0.609	47
南宁市	0.620	31	0.635	24	0.601	30	0.636	26	0.612	39	0.638	44	0.421	85
太原市	0.602	44	0.614	47	0.468	48	0.614	44	0.608	46	0.635	47	0.601	57
芜湖市	0.469	93	0.447	89	0.272	77	0.453	88	0.523	76	0.554	77	0.627	28
镇江市	0.512	79	0.544	80	0.470	47	0.544	77	0.600	63	0.373	94	0.624	32
珠海市	0.488	88	0.510	81	0.466	49	0.465	85	0.244	99	0.650	28	0.350	93
中山市	0.544	71	0.613	49	0.174	90	0.607	53	0.449	83	0.642	39	0.358	92
淄博市	0.575	61	0.606	59	0.282	73	0.609	50	0.604	51	0.620	60	0.569	63
湖州市	0.564	64	0.582	74	0.279	75	0.526	78	0.482	80	0.759	8	0.602	54
绍兴市	0.605	43	0.614	48	0.341	65	0.607	56	0.604	50	0.723	11	0.606	49
洛阳市	0.592	52	0.604	63	0.403	58	0.604	63	0.603	53	0.642	40	0.610	44
长春市	0.618	32	0.624	35	0.601	26	0.622	36	0.619	25	0.613	68	0.619	35
盐城市	0.610	36	0.621	39	0.600	36	0.624	33	0.602	56	0.653	26	0.336	95
唐山市	0.597	46	0.603	67	0.485	46	0.603	65	0.605	48	0.625	55	0.631	24
泰州市	0.588	55	0.603	65	0.432	53	0.602	69	0.584	69	0.625	56	0.589	61
惠州市	0.556	67	0.608	56	0.427	54	0.608	52	0.402	87	0.615	66	0.314	96
台州市	0.600	45	0.616	45	0.269	78	0.610	48	0.612	38	0.715	13	0.631	22
威海市	0.570	63	0.584	73	0.295	71	0.601	73	0.591	67	0.631	51	0.603	53

续表

城市	01 创业规模竞争力 得分	排序	011 近三年创业企业数 得分	排序	012 近三年创业企业注册资本 得分	排序	013 当年创业企业数 得分	排序	014 当年战略新兴产业创业企业数 得分	排序	015 每百万人口中创业企业数 得分	排序	016 当年战略新兴产业创业企业占比 得分	排序
济宁市	0.592	51	0.620	40	0.439	52	0.618	42	0.608	47	0.602	73	0.534	70
保定市	0.609	39	0.618	43	0.459	50	0.620	40	0.622	24	0.644	34	0.637	17
绵阳市	0.481	90	0.463	87	0.164	93	0.459	87	0.541	73	0.628	52	0.630	26
宿迁市	0.548	69	0.608	57	0.343	63	0.606	57	0.408	86	0.609	71	0.347	94
德州市	0.495	86	0.563	78	0.223	85	0.522	79	0.600	62	0.409	90	0.630	25
银川市	0.542	72	0.560	79	0.418	56	0.577	76	0.373	91	0.644	35	0.431	83
襄阳市	0.556	66	0.615	46	0.280	74	0.602	66	0.573	71	0.539	79	0.564	64
淮安市	0.547	70	0.604	64	0.556	40	0.604	61	0.469	82	0.456	84	0.424	84
兰州市	0.595	47	0.611	54	0.494	45	0.608	51	0.600	60	0.633	48	0.478	78
海口市	0.610	37	0.605	62	0.557	39	0.605	60	0.601	60	0.668	21	0.557	66
滨州市	0.578	60	0.580	75	0.520	43	0.602	67	0.527	75	0.613	67	0.527	72
临沂市	0.586	57	0.620	42	0.602	21	0.618	41	0.604	49	0.514	80	0.448	80
阜阳市	0.506	81	0.570	76	0.249	82	0.600	74	0.600	64	0.345	98	0.611	43
廊坊市	0.593	50	0.602	71	0.341	64	0.604	62	0.610	41	0.669	20	0.657	10
马鞍山市	0.381	117	0.313	97	0.132	96	0.295	97	0.493	79	0.582	76	0.682	3
蚌埠市	0.336	140	0.308	98	0.176	88	0.300	96	0.372	92	0.407	91	0.636	19
呼和浩特市	0.518	75	0.567	77	0.318	66	0.590	75	0.268	97	0.633	49	0.304	97
漳州市	0.460	96	0.491	84	0.255	81	0.474	84	0.533	74	0.423	88	0.624	31
东营市	0.417	105	0.349	95	0.228	84	0.361	94	0.445	84	0.613	69	0.635	21
菏泽市	0.589	54	0.627	32	0.406	57	0.646	18	0.602	57	0.637	46	0.222	99
邯郸市	0.593	49	0.612	51	0.376	60	0.613	45	0.610	43	0.637	45	0.612	41
宜昌市	0.517	76	0.616	44	0.162	94	0.510	81	0.477	81	0.554	78	0.604	52
聊城市	0.548	68	0.602	69	0.273	76	0.602	68	0.600	65	0.499	81	0.601	56
安庆市	0.454	98	0.477	86	0.183	86	0.464	86	0.542	72	0.452	85	0.628	27
沧州市	0.587	56	0.606	60	0.307	68	0.606	58	0.615	33	0.639	43	0.672	7
桂林市	0.407	112	0.460	88	0.181	87	0.427	89	0.379	90	0.384	93	0.592	60
衢州市	0.359	128	0.295	99	0.121	97	0.252	99	0.336	94	0.647	30	0.645	14

续表

城市	01 创业规模竞争力		011 近三年创业企业数		012 近三年创业企业注册资本		013 当年创业企业数		014 当年战略新兴产业创业企业数		015 每百万人口中创业企业数		016 当年战略新兴产业创业企业占比	
	得分	排序	得分	排序	得分	排序	得分	排序	得分	排序	得分	排序	得分	排序
丽水市	0.352	130	0.325	96	0.096	100	0.262	98	0.226	100	0.641	41	0.575	62
赣州市	0.527	74	0.603	66	0.310	67	0.603	64	0.602	58	0.371	95	0.605	50
乌鲁木齐市	0.508	80	0.499	82	0.297	70	0.485	83	0.519	78	0.621	57	0.618	38
泰安市	0.473	92	0.496	83	0.264	79	0.509	82	0.577	70	0.407	92	0.625	30
新乡市	0.467	94	0.432	91	0.174	89	0.422	90	0.587	68	0.616	65	0.652	11
连云港市	0.487	89	0.602	70	0.368	61	0.601	71	0.352	93	0.328	99	0.369	90
衡水市	0.591	53	0.602	68	0.256	80	0.601	70	0.619	27	0.677	19	0.736	1
柳州市	0.387	116	0.436	90	0.136	95	0.395	91	0.294	95	0.450	86	0.497	77
邢台市	0.586	58	0.607	58	0.282	72	0.607	54	0.617	28	0.643	37	0.673	6
秦皇岛市	0.430	103	0.382	94	0.172	91	0.386	93	0.402	87	0.655	25	0.615	39
遵义市	0.517	77	0.601	72	0.301	69	0.601	72	0.424	85	0.459	83	0.445	81
江门市	0.345	134	0.403	93	0.104	98	0.353	95	0.283	96	0.349	97	0.535	69
吉林市	0.397	115	0.406	92	0.245	83	0.395	92	0.389	89	0.414	89	0.609	46
南阳市	0.580	59	0.605	61	0.384	59	0.606	59	0.594	66	0.616	63	0.511	74
宣城市	0.294	164	0.267	100	0.096	99	0.249	100	0.254	98	0.429	87	0.613	40
黄冈市	0.447	99	0.482	85	0.170	92	0.516	80	0.521	77	0.367	96	0.612	42

二、区域创业环境竞争力指标

区域创业环境指标反映了创业活动关键投入要素的供给状况，具体包含区域平均办公租金、区域平均劳动力成本、宏观综合赋税水平、创业网站个数、区域创业新闻条数 5 个二级指标。其中宏观综合赋税水平是区域税收收入占 GDP 的比重。

表 1－7 为 2016 年全国百强城市创业环境竞争力得分及其排序。2016 年区域环境创业竞争力总分数排序前 10 的依次是北京市、上海市、深圳市、重庆市、西安市、武汉市、广州市、成都市、天津市、杭州市。

表1-7　2016年全国百强城市创业环境竞争力得分及其排序

城市	02 创业环境竞争力 得分	排序	021 区域平均办公租金 得分	排序	022 区域平均劳动力成本 得分	排序	023 宏观综合赋税水平 得分	排序	024 创业网站个数 得分	排序	025 区域创业新闻条数 得分	排序
北京市	0.880	1	0.055	100	0.375	60	0.169	97	1.000	1	1.000	1
上海市	0.785	2	0.105	97	0.527	19	0.162	98	0.764	2	0.976	2
深圳市	0.730	3	0.069	98	0.271	99	0.241	88	0.714	3	0.924	3
苏州市	0.603	11	0.278	70	0.303	94	0.463	46	0.638	6	0.657	13
成都市	0.633	8	0.247	75	0.383	57	0.422	61	0.619	12	0.739	6
广州市	0.650	7	0.112	96	0.271	100	0.536	28	0.646	4	0.768	5
杭州市	0.605	10	0.142	94	0.289	97	0.140	99	0.630	7	0.722	8
重庆市	0.670	4	0.255	74	0.497	22	0.339	78	0.619	12	0.818	4
宁波市	0.569	30	0.221	83	0.305	93	0.121	100	0.611	17	0.649	16
南京市	0.602	12	0.206	88	0.279	98	0.343	76	0.624	9	0.692	11
天津市	0.618	9	0.156	92	0.412	38	0.328	79	0.626	8	0.718	9
青岛市	0.588	15	0.198	89	0.320	89	0.374	74	0.603	29	0.671	12
郑州市	0.582	20	0.237	81	0.516	20	0.327	80	0.611	17	0.630	22
西安市	0.657	5	0.310	61	0.365	65	1.000	1	0.603	29	0.739	6
无锡市	0.571	28	0.303	65	0.295	95	0.435	57	0.605	24	0.617	28
东莞市	0.587	17	0.215	86	0.413	37	0.491	36	0.607	22	0.640	18
武汉市	0.654	6	0.184	90	0.616	6	0.747	2	0.639	5	0.714	10
济南市	0.579	24	0.245	77	0.328	84	0.401	67	0.608	19	0.637	19
合肥市	0.593	14	0.280	68	0.346	75	0.422	60	0.618	14	0.651	14
厦门市	0.577	26	0.163	91	0.342	78	0.229	90	0.624	9	0.647	17
长沙市	0.600	13	0.281	67	0.327	86	0.560	24	0.623	11	0.649	15
石家庄市	0.586	18	0.220	84	0.602	13	0.439	56	0.612	15	0.618	27
福州市	0.568	31	0.148	93	0.352	72	0.391	71	0.606	23	0.625	25
大连市	0.578	25	0.238	79	0.317	90	0.417	62	0.612	15	0.633	20
常州市	0.572	27	0.329	58	0.314	92	0.405	66	0.608	19	0.613	30

续表

城市	02 创业环境竞争力		021 区域平均办公租金		022 区域平均劳动力成本		023 宏观综合赋税水平		024 创业网站个数		025 区域创业新闻条数	
	得分	排序	得分	排序	得分	排序	得分	排序	得分	排序	得分	排序
哈尔滨市	0.587	16	0.391	38	0.511	21	0.525	29	0.604	26	0.609	35
沈阳市	0.582	21	0.388	41	0.363	67	0.375	73	0.608	19	0.627	24
南通市	0.561	34	0.262	73	0.333	80	0.321	81	0.600	38	0.611	33
佛山市	0.484	39	0.279	69	0.356	68	0.602	16	0.604	26	0.400	49
烟台市	0.581	22	0.396	36	0.372	64	0.479	40	0.600	38	0.619	26
温州市	0.564	33	0.223	82	0.352	71	0.213	92	0.600	38	0.631	21
潍坊市	0.585	19	0.595	5	0.399	48	0.415	63	0.601	34	0.609	36
昆明市	0.566	32	0.275	72	0.355	69	0.369	75	0.605	24	0.609	36
金华市	0.386	56	0.320	59	0.373	62	0.206	94	0.600	38	0.224	70
贵阳市	0.500	37	0.450	25	0.344	77	0.604	15	0.393	51	0.606	41
嘉兴市	0.368	64	0.305	64	0.334	79	0.172	96	0.393	51	0.378	54
泉州市	0.404	49	0.314	60	0.407	43	0.396	69	0.393	51	0.425	48
徐州市	0.424	46	0.310	62	0.418	35	0.521	30	0.524	44	0.337	58
南昌市	0.382	58	0.309	63	0.384	56	0.440	55	0.131	79	0.607	39
扬州市	0.328	72	0.366	50	0.348	74	0.471	43	0.262	61	0.365	55
南宁市	0.570	29	0.296	66	0.345	76	0.472	42	0.604	26	0.605	42
太原市	0.487	38	0.354	54	0.714	1	0.312	83	0.601	34	0.395	50
芜湖市	0.449	44	0.384	44	0.393	49	0.398	68	0.602	32	0.332	59
镇江市	0.380	60	0.354	53	0.353	70	0.408	65	0.131	79	0.603	43
珠海市	0.365	65	0.115	95	0.324	87	0.301	84	0.131	79	0.612	32
中山市	0.385	57	0.215	85	0.374	61	0.475	41	0.393	51	0.389	51
淄博市	0.450	43	0.517	14	0.392	51	0.576	20	0.262	61	0.602	44
湖州市	0.302	75	0.355	52	0.373	63	0.199	95	0.524	44	0.103	92
绍兴市	0.213	105	0.362	51	0.385	55	0.232	89	0.262	61	0.131	87
洛阳市	0.409	47	0.467	21	0.565	17	0.552	25	0.393	51	0.384	52

续表

城市	02 创业环境竞争力 得分	排序	021 区域平均办公租金 得分	排序	022 区域平均劳动力成本 得分	排序	023 宏观综合赋税水平 得分	排序	024 创业网站个数 得分	排序	025 区域创业新闻条数 得分	排序
长春市	0.581	23	0.389	40	0.352	73	0.576	21	0.600	38	0.611	34
盐城市	0.250	90	0.395	37	0.420	34	0.498	33	0.131	79	0.294	62
唐山市	0.505	36	0.403	34	0.577	15	0.569	22	0.393	51	0.600	46
泰州市	0.378	62	0.379	46	0.388	53	0.518	31	0.524	44	0.231	69
惠州市	0.406	48	0.246	76	0.375	59	0.464	45	0.524	44	0.317	60
台州市	0.228	96	0.336	56	0.393	50	0.206	93	0.262	61	0.171	80
威海市	0.220	103	0.379	45	0.412	39	0.444	53	0.000	92	0.352	56
济宁市	0.275	83	0.526	12	0.328	84	0.462	47	0.131	79	0.349	57
保定市	0.399	50	0.332	57	0.605	10	0.451	49	0.602	32	0.198	75
绵阳市	0.453	42	0.487	19	0.441	31	0.615	7	0.262	61	0.602	45
宿迁市	0.447	45	0.548	9	0.425	33	0.395	70	0.262	61	0.608	38
德州市	0.513	35	0.542	10	0.454	26	0.601	17	0.393	51	0.614	29
银川市	0.378	61	0.528	11	0.330	82	0.273	85	0.603	29	0.178	79
襄阳市	0.459	41	0.374	47	0.620	4	0.632	3	0.262	61	0.606	40
淮安市	0.361	66	0.396	35	0.410	40	0.441	54	0.393	51	0.316	61
兰州市	0.381	59	0.238	80	0.365	66	0.453	48	0.131	79	0.612	31
海口市	0.356	69	0.060	99	0.677	2	0.408	64	0.262	61	0.432	47
滨州市	0.390	54	0.439	30	0.417	36	0.483	39	0.600	38	0.184	78
临沂市	0.237	94	0.504	16	0.403	47	0.497	34	0.131	79	0.255	68
阜阳市	0.398	51	0.431	32	0.447	28	0.450	50	0.524	44	0.271	66
廊坊市	0.303	74	0.210	87	0.574	16	0.255	86	0.524	44	0.092	96
马鞍山市	0.138	181	0.492	18	0.376	58	0.445	52	0.000	92	0.161	81
蚌埠市	0.373	63	0.555	8	0.447	27	0.446	51	0.601	34	0.133	85
呼和浩特市	0.357	67	0.419	33	0.410	41	0.390	72	0.601	34	0.123	91
漳州市	0.269	84	0.275	71	0.391	52	0.613	8	0.262	61	0.222	71
东营市	0.193	115	0.459	23	0.333	81	0.608	10	0.000	92	0.274	65

续表

城市	02 创业环境竞争力 得分	排序	021 区域平均办公租金 得分	排序	022 区域平均劳动力成本 得分	排序	023 宏观综合赋税水平 得分	排序	024 创业网站个数 得分	排序	025 区域创业新闻条数 得分	排序
菏泽市	0.267	85	0.618	4	0.493	23	0.549	26	0.131	79	0.292	64
邯郸市	0.301	76	0.457	24	0.607	7	0.516	32	0.262	61	0.260	67
宜昌市	0.256	87	0.387	43	0.620	5	0.621	4	0.262	61	0.154	82
聊城市	0.212	106	0.521	13	0.465	24	0.605	14	0.000	92	0.294	62
安庆市	0.222	101	0.447	28	0.464	25	0.567	23	0.262	61	0.097	94
沧州市	0.166	144	0.373	48	0.604	11	0.492	35	0.131	79	0.089	97
桂林市	0.349	70	0.473	20	0.408	42	0.607	11	0.524	44	0.144	83
衢州市	0.085	299	0.387	42	0.316	91	0.249	87	0.000	92	0.083	98
丽水市	0.188	121	0.241	78	0.292	96	0.227	91	0.262	61	0.101	93
赣州市	0.183	127	0.438	31	0.444	30	0.587	19	0.131	79	0.127	88
乌鲁木齐市	0.140	174	0.353	55	0.321	88	0.430	59	0.000	92	0.189	76
泰安市	0.291	78	0.459	22	0.427	32	0.606	13	0.393	51	0.132	86
新乡市	0.223	99	0.558	7	0.588	14	0.601	18	0.262	61	0.069	100
连云港市	0.254	88	0.447	27	0.404	46	0.465	44	0.262	61	0.186	77
衡水市	0.241	93	0.450	26	0.605	9	0.431	58	0.262	61	0.137	84
柳州市	0.219	104	0.390	39	0.406	45	0.607	11	0.131	79	0.214	72
邢台市	0.243	91	0.504	17	0.607	8	0.537	27	0.262	61	0.125	89
秦皇岛市	0.319	73	0.446	29	0.604	12	0.342	77	0.393	51	0.205	73
遵义市	0.166	143	0.629	3	0.328	83	0.484	37	0.131	79	0.093	95
江门市	0.287	81	0.369	49	0.406	44	0.484	38	0.131	79	0.381	53
吉林市	0.470	40	0.572	6	0.447	29	0.620	6	0.262	61	0.630	23
南阳市	0.181	130	0.643	2	0.552	18	0.620	5	0.000	92	0.200	74
宣城市	0.092	273	0.513	15	0.387	54	0.315	82	0.000	92	0.070	99

具体而言，就5个二级指标得分情况来看，南阳市、遵义市、菏泽市、潍坊市、吉林市、新乡市、蚌埠市、宿迁市、德州市、银川市在区域平均办公租金这

个指标上有优异表现，占据前 10 的位置。在区域平均劳动力成本指标上，太原市、海口市、宜昌、襄阳市、武汉市、邢台市、邯郸市、衡水市、保定市、秦皇岛市有着良好的表现，占据前 10 的位置。在宏观综合赋税水平指标上，西安市、武汉市、襄阳市、宜昌市、南阳市、吉林市、绵阳市、漳州市、东营市、桂林市有着良好的表现，占据前 10 的位置。在区域创业氛围上（创业网站个数、区域创业新闻条数），北京市、上海市、深圳市、重庆市、广州市、成都市、武汉市、杭州市、天津市、西安市有着良好的表现，占据前 10 的位置。

三、区域创业产出竞争力指标

区域创业产出指标具体有近三年创业企业专利申请数、近三年创业企业有效发明专利数、近三年创业企业著作权数、新三板企业数、新三板企业市值、近三年战略新兴产业创业企业专利申请数、近三年战略新兴产业创业企业有效发明专利数、近三年战略新兴产业创业企业著作权数 8 个二级指标。

表 1-8 为 2016 年全国百强城市创业产出竞争力得分及其排序。2016 年百强城市创业产出竞争力总分数排序前 10 的依次是北京市、上海市、深圳市、苏州市、广州市、成都市、宁波市、杭州市、天津市、青岛市。

具体而言，就 8 个二级指标得分情况来看，在创业企业产出指标上（近三年创业企业专利申请数、近三年创业企业有效发明专利数、近三年创业企业著作权数），北京市、苏州市、上海市、深圳市、成都市、杭州市、广州市、天津市、宁波市、青岛市排序前 10。在战略新兴产业创业企业产出指标上（近三年战略新兴产业创业企业专利申请数、近三年战略新兴产业创业企业有效发明专利数、近三年战略新兴产业创业企业著作权数），北京市、苏州市、成都市、上海市、青岛市、杭州市、宁波市、长沙市、东莞市、广州市排序有优异的表现，排序前 10。在经济产出指标上（新三板企业数、新三板企业市值），北京市、上海市、深圳市、苏州市、杭州市、重庆市、成都市、合肥市、南京市、东莞市有着良好的表现，占据前 10 的位置。

表1-8 2016年全国百强城市创业产出竞争力得分及其排序

城市	03 创业产出竞争力 得分	排序	031 近三年创业企业专利申请数 得分	排序	032 近三年创业企业有效发明专利数 得分	排序	033 近三年创业企业著作权数 得分	排序	034 新三板企业数 得分	排序	035 新三板企业市值 得分	排序	036 近三年战略新兴产业创业企业专利申请数 得分	排序	037 近三年战略新兴产业创业企业有效发明专利数 得分	排序	038 近三年战略新兴产业创业企业著作权数 得分	排序
北京市	0.938	1	0.877	3	0.836	3	1.000	1	1.000	1	1.000	1	0.874	4	0.754	2	1.000	1
上海市	0.903	2	0.828	5	1.000	1	0.971	2	0.834	2	0.718	3	0.804	6	1.000	1	0.988	2
深圳市	0.805	3	0.911	2	0.781	5	0.817	3	0.758	3	0.853	2	0.885	3	0.690	5	0.857	4
苏州市	0.780	4	1.000	1	0.877	2	0.754	4	0.706	4	0.627	8	0.727	12	0.639	13	0.635	11
成都市	0.693	6	0.840	4	0.684	7	0.653	8	0.644	8	0.600	34	1.000	1	0.696	4	0.742	5
广州市	0.701	5	0.701	11	0.667	10	0.733	5	0.669	6	0.672	4	0.798	7	0.670	7	0.893	3
杭州市	0.680	8	0.733	8	0.677	9	0.664	6	0.682	5	0.634	5	0.716	13	0.650	11	0.671	8
重庆市	0.637	13	0.709	10	0.646	17	0.608	23	0.620	19	0.604	24	0.739	10	0.632	17	0.610	22
宁波市	0.683	7	0.755	7	0.784	4	0.614	17	0.626	14	0.616	11	0.825	5	0.754	3	0.629	14
南京市	0.652	12	0.686	14	0.659	14	0.658	7	0.643	9	0.610	18	0.655	20	0.624	21	0.631	13
天津市	0.674	9	0.787	6	0.664	11	0.644	9	0.639	10	0.604	23	0.950	2	0.675	6	0.685	6
青岛市	0.661	10	0.730	9	0.730	6	0.612	19	0.620	20	0.611	16	0.771	8	0.665	9	0.619	16
郑州市	0.619	16	0.638	26	0.606	48	0.614	16	0.632	11	0.605	21	0.615	40	0.580	49	0.604	19
西安市	0.619	17	0.652	19	0.608	44	0.612	20	0.623	17	0.613	13	0.609	46	0.603	42	0.633	27
无锡市	0.654	11	0.688	13	0.677	8	0.623	13	0.646	7	0.607	19	0.736	11	0.665	8	0.616	12
东莞市	0.634	14	0.693	12	0.664	13	0.611	21	0.628	13	0.501	38	0.675	15	0.619	23	0.616	18
武汉市	0.589	27	0.665	17	0.645	19	0.636	10	0.444	66	0.611	14	0.756	9	0.661	10	0.678	7

续表

城市	03 创业产出竞争力 得分	排序	031 近三年创业企业专利申请数 得分	排序	032 近三年创业企业有效发明专利数 得分	排序	033 近三年创业企业著作权数 得分	排序	034 新三板企业数 得分	排序	035 新三板企业市值 得分	排序	036 近三年战略新兴产业创业企业专利申请数 得分	排序	037 近三年战略新兴产业创业企业有效发明专利数 得分	排序	038 近三年战略新兴产业创业企业著作权数 得分	排序
济南市	0.623	15	0.627	32	0.618	28	0.609	22	0.631	12	0.631	7	0.646	23	0.615	24	0.625	15
合肥市	0.604	22	0.672	15	0.650	16	0.623	12	0.616	23	0.001	63	0.672	16	0.637	14	0.639	10
厦门市	0.599	24	0.631	30	0.611	38	0.621	14	0.624	16	0.126	52	0.668	17	0.610	32	0.650	9
长沙市	0.604	23	0.651	20	0.664	11	0.613	18	0.624	15	0.471	39	0.621	34	0.615	25	0.182	60
石家庄市	0.582	30	0.538	65	0.600	54	0.600	32	0.609	31	0.318	45	0.610	45	0.607	37	0.607	23
福州市	0.613	19	0.610	41	0.608	42	0.608	24	0.619	22	0.611	15	0.624	30	0.612	29	0.618	17
大连市	0.606	21	0.606	49	0.611	39	0.603	28	0.619	21	0.509	37	0.610	44	0.604	39	0.615	20
常州市	0.599	25	0.654	18	0.634	24	0.603	27	0.621	18	0.602	29	0.622	31	0.550	52	0.168	63
哈尔滨市	0.587	28	0.628	31	0.613	33	0.600	32	0.608	33	0.129	51	0.653	21	0.613	26	0.606	25
沈阳市	0.577	32	0.608	44	0.613	32	0.602	29	0.605	38	0.002	61	0.618	36	0.611	31	0.607	24
南通市	0.610	20	0.638	28	0.645	18	0.630	11	0.611	27	0.603	25	0.612	43	0.609	33	0.304	44
佛山市	0.618	18	0.667	16	0.642	20	0.604	26	0.612	26	0.633	6	0.630	29	0.600	47	0.487	36
烟台市	0.543	35	0.604	53	0.636	23	0.315	48	0.614	25	0.617	9	0.609	47	0.640	12	0.309	42
温州市	0.531	40	0.648	21	0.631	26	0.250	54	0.608	33	0.601	32	0.685	14	0.629	19	0.252	51
潍坊市	0.532	39	0.606	50	0.613	31	0.280	52	0.603	44	0.613	12	0.616	37	0.608	35	0.409	37
昆明市	0.584	29	0.602	56	0.601	53	0.605	25	0.609	29	0.168	49	0.616	38	0.609	33	0.613	21
金华市	0.596	26	0.616	35	0.612	35	0.567	34	0.601	50	0.601	31	0.618	35	0.604	39	0.542	33

续表

城市	03 创业产出竞争力 得分	排序	031 近三年创业企业专利申请数 得分	排序	032 近三年创业企业有效发明专利数 得分	排序	033 近三年创业企业著作权数 得分	排序	034 新三板企业数 得分	排序	035 新三板企业市值 得分	排序	036 近三年战略新兴产业创业企业专利申请数 得分	排序	037 近三年战略新兴产业创业企业有效发明专利数 得分	排序	038 近三年战略新兴产业创业企业著作权数 得分	排序
贵阳市	0.530	41	0.606	48	0.537	60	0.465	37	0.603	44	0.010	60	0.606	51	0.580	49	0.591	30
嘉兴市	0.539	36	0.643	24	0.610	40	0.306	49	0.608	33	0.602	30	0.657	19	0.613	27	0.310	41
泉州市	0.536	37	0.642	25	0.637	22	0.373	41	0.600	54	0.001	75	0.649	22	0.632	15	0.516	35
徐州市	0.507	46	0.616	36	0.600	54	0.617	15	0.444	66	0.000	88	0.612	42	0.458	57	0.251	52
南昌市	0.519	42	0.612	38	0.399	71	0.566	35	0.604	41	0.068	55	0.615	39	0.366	67	0.601	29
扬州市	0.535	38	0.603	54	0.412	69	0.488	36	0.609	29	0.603	28	0.605	52	0.489	55	0.566	32
南宁市	0.412	57	0.610	42	0.605	50	0.324	47	0.349	83	0.000	97	0.603	54	0.427	61	0.114	75
太原市	0.449	51	0.249	80	0.362	73	0.601	30	0.601	50	0.001	77	0.185	92	0.092	91	0.606	26
芜湖市	0.560	33	0.633	29	0.633	25	0.334	45	0.610	28	0.554	36	0.643	24	0.621	22	0.586	31
镇江市	0.554	34	0.621	33	0.614	30	0.418	38	0.605	38	0.606	20	0.614	41	0.613	27	0.237	55
珠海市	0.578	31	0.578	64	0.607	45	0.601	31	0.616	24	0.604	22	0.385	68	0.397	63	0.324	39
中山市	0.519	43	0.644	23	0.639	21	0.403	39	0.603	46	0.001	68	0.621	33	0.336	69	0.210	57
淄博市	0.443	52	0.484	67	0.615	29	0.120	71	0.605	40	0.031	57	0.593	57	0.601	45	0.124	73
湖州市	0.514	45	0.638	27	0.612	36	0.203	60	0.609	31	0.610	17	0.636	25	0.605	38	0.241	53
绍兴市	0.515	44	0.647	22	0.655	15	0.195	61	0.608	37	0.420	42	0.660	18	0.632	15	0.238	54
洛阳市	0.434	55	0.605	52	0.474	64	0.178	63	0.604	42	0.071	54	0.595	56	0.183	82	0.260	50
长春市	0.336	68	0.223	86	0.275	78	0.272	53	0.602	48	0.000	86	0.111	96	0.031	96	0.182	60

· 28 ·

第一章 中国创业发展总体评价及排序

续表

城市	03 创业产出竞争力 得分	排序	031 近三年创业企业专利申请数 得分	排序	032 近三年创业企业有效发明专利数 得分	排序	033 近三年创业企业著作权数 得分	排序	034 新三板企业数 得分	排序	035 新三板企业市值 得分	排序	036 近三年战略新兴产业创业企业专利申请数 得分	排序	037 近三年战略新兴产业创业企业有效发明专利数 得分	排序	038 近三年战略新兴产业创业企业著作权数 得分	排序
盐城市	0.486	48	0.607	46	0.604	52	0.281	51	0.601	50	0.166	50	0.514	59	0.458	57	0.128	70
唐山市	0.363	64	0.283	73	0.325	75	0.370	42	0.412	75	0.001	74	0.451	62	0.550	52	0.603	28
泰州市	0.426	56	0.605	51	0.549	59	0.206	59	0.508	57	0.000	92	0.600	55	0.397	63	0.180	62
惠州市	0.437	54	0.612	39	0.462	66	0.377	40	0.508	57	0.001	73	0.472	60	0.214	77	0.265	48
台州市	0.473	49	0.618	34	0.612	34	0.105	74	0.608	33	0.324	44	0.634	26	0.611	30	0.141	67
威海市	0.471	50	0.612	40	0.608	42	0.155	66	0.603	47	0.000	79	0.622	32	0.608	35	0.291	45
济宁市	0.399	58	0.536	66	0.607	46	0.128	69	0.444	66	0.019	59	0.469	61	0.601	46	0.191	59
保定市	0.302	73	0.232	84	0.250	82	0.222	57	0.444	66	0.001	69	0.366	70	0.580	49	0.265	48
绵阳市	0.374	63	0.600	61	0.300	77	0.333	46	0.444	66	0.001	66	0.394	67	0.153	87	0.400	38
宿迁市	0.321	71	0.601	59	0.250	82	0.228	56	0.286	89	0.603	27	0.365	71	0.244	74	0.285	46
德州市	0.328	70	0.290	72	0.574	57	0.063	87	0.444	66	0.001	67	0.211	88	0.366	67	0.077	85
银川市	0.350	65	0.236	82	0.399	71	0.086	78	0.602	49	0.117	53	0.216	86	0.600	47	0.110	76
襄阳市	0.290	75	0.231	85	0.424	68	0.081	79	0.381	79	0.053	56	0.409	66	0.602	43	0.105	80
淮安市	0.336	67	0.470	69	0.275	78	0.289	50	0.476	62	0.000	93	0.372	69	0.183	80	0.049	91
兰州市	0.279	80	0.153	94	0.349	74	0.153	67	0.349	83	0.413	43	0.196	89	0.397	63	0.201	58
海口市	0.278	81	0.094	98	0.087	98	0.241	55	0.600	54	0.001	64	0.075	97	0.031	96	0.312	40
滨州市	0.285	78	0.245	81	0.412	69	0.076	85	0.317	87	0.561	35	0.236	82	0.458	57	0.108	77

· 29 ·

续表

城市	03 创业产出竞争力 得分	排序	031 近三年创业企业专利申请数 得分	排序	032 近三年创业企业有效发明专利数 得分	排序	033 近三年创业企业著作权数 得分	排序	034 新三板企业数 得分	排序	035 新三板企业市值 得分	排序	036 近三年战略新兴产业创业企业专利申请数 得分	排序	037 近三年战略新兴产业创业企业有效发明专利数 得分	排序	038 近三年战略新兴产业创业企业著作权数 得分	排序
临沂市	0.341	66	0.281	75	0.610	41	0.156	65	0.349	83	0.192	46	0.297	77	0.397	63	0.133	69
阜阳市	0.287	76	0.601	58	0.512	62	0.061	89	0.190	95	0.000	84	0.607	49	0.336	69	0.094	81
廊坊市	0.259	86	0.208	87	0.237	85	0.128	69	0.381	79	0.435	40	0.228	84	0.092	93	0.218	56
马鞍山市	0.489	47	0.615	37	0.622	27	0.354	43	0.476	62	0.000	81	0.634	28	0.626	20	0.533	34
蚌埠市	0.399	59	0.602	57	0.607	47	0.038	96	0.508	57	0.000	80	0.604	53	0.458	57	0.024	94
呼和浩特市	0.255	87	0.075	99	0.125	91	0.338	44	0.476	62	0.001	65	0.040	100	0.031	96	0.128	71
漳州市	0.329	69	0.387	71	0.587	56	0.068	86	0.349	83	0.001	71	0.414	65	0.604	41	0.086	82
东营市	0.387	61	0.600	60	0.562	58	0.160	64	0.444	66	0.002	62	0.211	87	0.489	55	0.107	78
菏泽市	0.211	100	0.234	83	0.605	50	0.032	98	0.095	99	0.000	99	0.191	90	0.275	73	0.014	98
邯郸市	0.192	105	0.180	89	0.250	82	0.077	83	0.222	93	0.000	95	0.350	72	0.550	52	0.125	72
宜昌市	0.265	84	0.252	79	0.275	78	0.118	72	0.412	75	0.001	76	0.333	74	0.305	72	0.154	65
聊城市	0.253	88	0.279	76	0.262	81	0.045	94	0.476	62	0.000	87	0.157	94	0.122	89	0.042	92
安庆市	0.316	72	0.607	47	0.225	87	0.209	58	0.381	79	0.000	85	0.609	48	0.183	82	0.274	47
沧州市	0.228	92	0.177	91	0.187	89	0.098	75	0.412	75	0.000	78	0.319	76	0.336	69	0.050	90
桂林市	0.286	77	0.483	68	0.606	49	0.077	84	0.190	95	0.000	89	0.341	73	0.244	76	0.083	84
衢州市	0.437	53	0.608	45	0.612	36	0.039	95	0.600	53	0.024	58	0.634	27	0.630	18	0.055	89
丽水市	0.395	60	0.467	70	0.537	60	0.096	76	0.508	57	0.432	41	0.281	79	0.427	61	0.136	68

续表

城市	03 创业产出竞争力 得分	排序	031 近三年创业企业专利申请数 得分	排序	032 近三年创业企业有效发明专利数 得分	排序	033 近三年创业企业著作权数 得分	排序	034 新三板企业数 得分	排序	035 新三板企业市值 得分	排序	036 近三年战略新兴产业创业企业专利申请数 得分	排序	037 近三年战略新兴产业创业企业有效发明专利数 得分	排序	038 近三年战略新兴产业创业企业著作权数 得分	排序
赣州市	0.240	90	0.276	77	0.100	97	0.080	81	0.508	57	0.001	70	0.234	83	0.183	82	0.085	83
乌鲁木齐市	0.274	82	0.109	97	0.037	100	0.146	68	0.604	42	0.600	33	0.147	95	0.031	96	0.143	66
泰安市	0.222	96	0.265	78	0.125	91	0.094	77	0.412	75	0.000	82	0.319	75	0.061	94	0.168	63
新乡市	0.252	89	0.283	74	0.137	90	0.055	90	0.539	56	0.000	90	0.297	78	0.092	91	0.071	86
连云港市	0.216	97	0.179	90	0.237	85	0.078	82	0.381	79	0.169	48	0.073	98	0.000	100	0.028	93
衡水市	0.137	129	0.124	96	0.112	94	0.055	90	0.222	93	0.000	96	0.245	81	0.244	74	0.107	78
柳州市	0.294	74	0.609	43	0.487	63	0.062	88	0.254	92	0.000	94	0.607	49	0.183	80	0.020	96
邢台市	0.127	135	0.156	93	0.112	94	0.050	92	0.190	95	0.000	91	0.257	80	0.183	82	0.069	87
秦皇岛市	0.214	99	0.131	95	0.087	98	0.181	62	0.286	89	0.616	10	0.186	91	0.153	87	0.309	42
遵义市	0.204	101	0.600	61	0.474	64	0.046	93	0.000	100	0.000	100	0.420	63	0.214	77	0.016	97
江门市	0.283	79	0.602	55	0.312	76	0.111	73	0.317	87	0.001	72	0.415	64	0.122	89	0.119	74
吉林市	0.144	123	0.070	100	0.125	91	0.036	97	0.286	89	0.185	47	0.065	99	0.061	94	0.011	99
南阳市	0.130	132	0.176	92	0.112	94	0.081	79	0.190	95	0.000	98	0.184	93	0.602	44	0.066	88
宣城市	0.376	62	0.600	63	0.449	67	0.027	99	0.444	66	0.603	26	0.573	58	0.214	77	0.024	94
黄冈市	0.225	94	0.197	88	0.225	87	0.027	100	0.444	66	0.000	83	0.224	85	0.214	77	0.003	100

第二章 中国创业发展评价理论与方法

第一节 中国创业发展研究理论基础

一、创业的概念

有关创业的研究由来已久,关于创业的概念在很大程度上是与"企业家"(Entrepreneur)这一概念同步发展起来的。1755年,法国经济学家Cantillno把"Entrepreneur"(法语,按字面翻译,其含义是"中介人",现在英语中引申为Entrepreneur,意为创业者、企业家)一词作为术语引入经济学,自此,创业活动开始登上经济舞台,正式进入学者的研究范围。我国的学者通常把Entrepreneurship翻译成企业家精神,也有的学者认为更准确的译法是创业精神。作为专业研究术语的"创业"一词,则普遍采用Entrepreneurship来表示,这一点已经达成基本的共识。不过遗憾的是,时至今日,关于"创业者"和"创业活动"仍众说纷纭,还没有一个被广为接受的统一定义。一般而言,创业活动主要从以下四个视角进行定义。

第一,从风险的视角解读创业,并认为创业者要承担以固定价格买入商品并以不确定的价格将其卖出的风险。创业者的报酬就是买入和卖出之差。如果创业者准确地洞察、把握了市场机会,则赚取利润;反之则承担风险。

第二,从创新的视角解读创业,其中,熊彼特的创业理论具有最鲜明的特色。熊彼特赋予创业者以"创新者"的形象,认为创业者的职能就是实现生产要素新的组合(熊彼特,1934)。创业是实现创新的过程,而创新是创业的本质和手段。

第三,从机会视角解读创业,强调从"存在有利可图的机会",和"存在有进取心的人"两者相结合的角度去研究创业。Shane 和 Venkataramen(2000)认为,不能将"机会"与"个人"对创业的影响混淆起来,并指出"不同人所识别的创业机会在质量上是有变化的","不能忽视对创业机会的测量"。

第四,从认知的角度解读创业,强调从创业者的心理特性,并强调创业者的认知、想象力等主观因素。柯斯纳(Kieaner)的理论试图将经济学和心理学连接起来,他提出了一个描述创业者心理认知特性的术语——"敏感"(Alertness)。柯斯纳(1973)认为,创业者具有一般人所不具有的能够敏锐地发现市场获得机会的"敏感",也只有具备这种敏感性的人才能被称为创业者。

二、创业环境

环境概念在商务领域一直是学者们关注的重点。一些学者认为,环境是一种任务环境。广义上是指一切与目标的设定和获取有潜在相关性的因素,环境的各个方面被认为是资源。狭义上是指投入要素的来源、产品的市场、竞争者和各种对企业具有调整作用的群体。也有学者认为,环境是指一种一般环境。这种观点主要强调在制度环境中,大类组合体系的重要性,这种组合体系包括社会的、人口统计学的、经济的、政治的和国际的等方面的因素。

在创业研究领域中,根据研究问题的需要,有很多方法来描述企业的创业环境。例如,从创业环境的构成主体的角度、从创业环境的界定及其构成要素的角度以及从创业环境单要素和创业环境系统方面来描述创业环境,尽管描述的角度不同,但是研究人员普遍认为在组织学领域主流的研究方向是创业环境的基本维度，并且认为创业环境是一个多维度的概念（Dill，1958；Lawrence and Lorsch，1967；Child，1972）。

三、资源依赖理论

资源依赖理论开始萌芽于20世纪40年代，70年代被广泛应用于组织关系的研究中，是组织理论的重要基础理论。它说明了环境和组织的相互依赖性，强调组织依赖外部的环境资源。任何组织持有的资源都是有限的，不可能拥有所需要的全部资源。但是，组织的生存与发展是个不断循环始复的过程，需要资源的不断注入，所以决定一个组织生存与发展的关键，也是该组织从其所需的关键资源的拥有者手中获取资源的能力。资源依赖理论是创业政策领域研究过程中的重要基础理论之一。

Romanelli提出，能否获取足够的外部资源是成功创建一个公司的关键影响因素。外部资源的获取除了对企业本身的生存与发展产生影响之外，还影响初创企业对新环境的融入度。Tyebjee和Bruno也发表了他们关于环境对创业的影响的观点，他们提出，环境具有三个特性，即不确定性、宽松性及联结性。这三个特性对创业具有正向作用，然而环境的影响性则是负向调节作用。从这个视角来看，结合资源依赖理论，启示得出：可将创业型企业看作一个组织，创业资源是这个组织赖以生存的需要，能够从外界获得所需要的创业资源是该组织生存与成功运转的关键。因此，创业环境对创业活动起至关重要的作用。并且在这其中，创业政策起到一个桥梁的作用，协助组织与外部创业资源建立联系。综合得出：决定创业成功与否的关键行为是制定有效的创业政策。

四、城市混沌体系理论

"混沌"（Chaos），汉语本意指一种未分化的宇宙原始状态，既"气似质具而未相离"。它既是一种不可预测的随机行为，又是一种包含有序的特殊状态，是指在毫不相干的事件之间，存在潜伏的内在关联。简而言之，就是有序和无序的统一，确定性和随机性的统一，简单与复杂的统一。城市恰是一个混沌的非线性系统，它由大量的、多层的和多维的子系统组成，而同时它又是一个更大系统的子系统，这些子母系统之间看似纷繁复杂，但在一定的层面上却会呈现出一定的规律性（倪鹏飞，2001）。比如，一个城市中的不同产业，虽然它们在原料、客户、设备、工艺、管理等方面都存在差异，但就作用而言，不外是促进城市发展和为投资人带来收益。其实，系统内的各要素按照非严格成正比的关系相互作用、相互制约，既存在正反馈的倍增效应，也存在限制增长的饱和效应，而混沌系统的层度规律性也使建立指标体系量化度量这些作用成为可能，这也是本次区域创业环境评价得以进行的根据。

五、区域创业环境评价研究

全球创业观察（Globe Entrepreneurship Monitor）是由英国伦敦商学院和美国百森学院共同发起成立的国际创业研究项目，该项目在国际的创业研究和教育上享有盛誉。全球创业观察组织提出通用的 GEM（Global Entrepreneurship Monitor）分析模型，并对创业环境指标进行设定。GEM 分析模型中，创业环境包括政策因素、融资因素、创业教育、进入市场的壁垒、科研成果转移、社会综合基础设施、创业文化等。

谢小青和黄晶晶（2017）的论文基于 PSR（压力—状态—反应）模型构建城市创业环境评价指标体系，共选取了包含压力、状态和响应 3 个方面的 20 个指标。采用熵权法对城市创业环境进行综合评价，以武汉市为例进行实证分析，并进一步预测城市创业环境的发展趋势。研究表明：优化创业环境的政策措施具备有效性、时滞性和积累效应，其数量增加到一定程度时会出现平台期，其正面效果逐步显现，政策红利逐步释放，预计城市创业环境将持续改善。[①] 刘凤等（2017）结合大众创业复杂的社会经济系统的特性，其文章选择利用系统动力学模型研究了大众创业活动机理，并在以往研究和实践的基础上，从需求、人才、

[①] 谢小青，黄晶晶. 基于 PSR 模型的城市创业环境评价分析——以武汉市为例 [J]. 中国软科学，2017（2）：172 – 182.

服务、产出4个维度，根据创业指数评价体系多维化、系统化的内在需求，构建了一套大众创业指数。结合构建的大众创业指数，其文章对中国省域大众创业活动发展进行了评价研究，研究发现：创业指数呈现东部、中部、西部三层阶梯分布，"中国省域大众创业指数排序"与"中国省域经济综合竞争力排序"基本吻合；相关核心要素的优化配置，是创新创业持续高速发展的重要基础。[①] 赵贞和李华晶（2017）选取科技创业的政策知晓率、个人科研工作者的创业意愿和社会公众关注度为3个主要指标，采用聚类分析等研究方法对我国27个省份科技创业制度环境进行研究分析，阐述科技创业环境在不同区域的差异，科技创业制度环境中哪些维度对科技创业的影响更明显，对不同省区有哪些不同程度的影响，最后给出优化区域创业环境的对策建议。[②]

第二节 中国创业发展研究的指标体系构建

一、指标构建方法

评价指标筛选及体系构建的方法主要有3类：专家调研法（德尔菲法）、最小均方差法及极小极大离差法。

（1）专家调研法。这是一种向专家发函、征求意见的调研方法。评价者可根据评价目标及评价对象的特征，在所设计的调查表中列出一系列评价指标，分别征询专家对所设计的评价指标的意见，然后进行统计处理，并反馈咨询结果，经几轮咨询后，如果专家意见趋于集中，则由最后一次咨询确定出具体的评价指

[①] 刘凤，李云霄，陈光，王沁.基于SD模型的省域大众创业指数实证研究[J].学术论坛，2017，40（3）：109–116.

[②] 赵贞，李华晶.科技创业环境水平的区域差异研究——基于中国27个省区的聚类分析[J].科技与经济，2017，30（4）：7–11.

标体系。

（2）最小均方差法。最小均方差法的思想在于对 n 个取定的被评价对象 s_1，s_2，…，s_n，每个评价对象都可用 m 个指标的观测值 x_{ij}（$i=1$，2，…，n；$j=1$，2，…，m）来表示。很容易看出，如果 n 个被评价对象关于某项评价指标的取值都差不多，那么尽管这个评价指标非常重要，但对 n 个被评价对象的评价结果来说，它并不起什么作用。因此，为减少计算量就可以考虑删除这个评价指标。

（3）极小极大离差法。极小极大离差法的思想在于先求出各评价指标 x_j 的最大离差 r_j，再求出 r_j 的最小值 r_0，若 r_0 接近于零，则可删除与其对应的评价指标。

二、权重的确定

（1）层次分析法。层次分析法（AHP），它是美国匹兹堡大学数学系教授、著名运筹学家萨迪（Saaty）于 20 世纪 70 年代中期提出来的一种定性、定量相结合的、系统化、层次化的分析方法。这种方法将决策者的经验给予量化，特别适用于目标结构复杂且缺乏数据的情况。它是一种简便、灵活而又实用的多准则决策方法。自层次分析法提出以来，在各行各业的决策问题上都有所应用。层次分析法的基本原理：它是把一个复杂问题中各个指标通过划分相互之间的关系使其分解为若干个有序层次。每一层次中的元素具有大致相等的地位，并且每一层次与上一层次和下一层次有着一定的联系，层次之间按隶属关系建立起一个有序的递阶层次模型。层次结构模型一般包括目标层、准则层和方案层等基本层次。在递阶层次模型中，按照对一定客观事实的判断，对每层的重要性以定量的形式加以反映，即通过两两比较判断的方式确定每个层次中元素的相对重要性，并用定量的方法表示，进而建立判断矩阵。然后利用数学方法计算每个层次判断矩阵中各指标的相对重要性权数。最后通过在递阶层次结构内各层次相对重要性权数的组合，得到全部指标相对于目标的重要程度权数。

（2）主成分分析法。主成分分析即 Principal Component Analysis（PCA），是由卡尔（Karl）和皮尔逊（Pearson）最早在 1901 年提出，只不过当时是应用于非随机变量。1933年霍蒂林（Hotelling）将这个概念推广到随机向量。该方法是利用降维的思想，把多指标转化为几个综合指标的多元统计分析方法。主成分分析的基本原理：主成分分析是一种数学变换的方法。它把给定的一组相关变量通过线性变换转成另一组不相关的变量，这些新的变量按照方差依次递减的顺序排列。在数学变换中保持变量的总方差不变，使第一变量具有最大的方差，称为第一主成分，第二变量的方差次大，并且和第一变量不相关，称为第二主成分。依次类推，K个变量就有K个主成分。通过主成分分析方法，可以根据专业知识和指标所反映的独特含义对提取的主成分因子给予新的命名，从而得到合理的解释性变量。

（3）聚类分析法。聚类分析法是理想的多变量统计技术，主要有分层聚类法和迭代聚类法。聚类分析也称群分析、点群分析，是研究分类的一种多元统计方法。聚类分析主要分为3种类型，直接聚类法、最短距离聚类法和最远距离聚类法。

直接聚类法，是先把各个分类对象单独视为一类，然后根据距离最小的原则，依次选出一对分类对象，并成新类。如果其中一个分类对象已归于一类，则把另一个也归入该类；如果一对分类对象正好属于已归的两类，则把这两类并为一类。每一次归并，都划去该对象所在的列与列序相同的行。经过 m-1 次就可以把全部分类对象归为一类，这样就可以根据归并的先后顺序做出聚类谱系图。

最短距离聚类法，是在原来的 m×m 距离矩阵的非对角元素中找出，把分类对象 G_p 和 G_q 归并为一新类 G_r，然后按计算公式计算原来各类与新类之间的距离，这样就得到一个新的（m-1）阶的距离矩阵；再从新的距离矩阵中选出最小者 d_{ij}，把 G_i 和 G_j 归并成新类；再计算各类与新类的距离，这样一直下去，直至各分类对象被归为一类为止。

最远距离聚类法与最短距离聚类法的区别在于计算原来的类与新类距离时采用的公式不同。最远距离聚类法所用的是最远距离来衡量样本之间的距离。

第三节 创业人才竞争力数据获取方法

一、聚焦网络爬虫（Focused Crawler）

通过程序调用插件控制浏览器访问 URL 获取网页，分析网页结构，然后针对网页特征写出正则表达式去解析网页，抓取网页中固定关键词以及相应的指标数值。为了防止 IP 被限制，设置一定的爬虫时间间隔。本书采用聚焦网络爬虫的方式获取上市公司的股票代码以及统计年鉴的数据。

二、自然语言处理（NLP）

自然语言处理是计算机科学领域与人工智能领域中的一个重要方向。对其的研究能实现人与计算机之间用自然语言进行有效通信的各种理论和方法。在克服单词边界定义、单词词意歧义、句法模糊性以及不规范输入等问题之后，编写出一套规范的操作编码。利用数据稀疏与平滑技术从工商、专利、著作权、舆情、网站名称中等非格式化数据中提取企业名称、经营范围、注册时间、专利申请时间、专利授权时间、著作权申请企业等格式化信息。对格式化的信息解析处理保证其能进行后续不同统计口径的数据统计。

三、流计算（Stream Computing）

传统的数据处理流程中需要先收集数据并放入 Database 中，人们需要的时候可以对 Database 中的数据进行提取。但是，这存在数据实效性和用户主动交互的争议。流计算是利用大数据技术方法进行数据捕捉的技术，它克服了传统数据处理过程中无法实时搜索应用环境的某些具体问题。流计算可以很好地对大规模流动数据在不断变化的运动过程中实时地进行分析，捕捉到可能有用的信息，并把结果发送到下一计算节点。在本次统计过程中，本书利用流计算对舆情数据进行实时采集和统计，获取满足"城市名+创业"要求的舆情信息，并计算当前时间节点下的统计数据。

四、书面资料统计

课题组成员对全国 31 个省份和全国的统计年鉴数据进行手动筛选和收集，将不同省份的不同城市数据进行分类统计。利用锐思数据库检索上市公司的股票代码以及企业所在城市。对这些手动收集的数据按照不同指标的要求计算 2012～2016 年的累计数据和 2016 年的数据，对指标内容逐一衡量。其中，战略新兴产业按照国家统计局发布的《战略性新兴产业分类（2012）》的分类标准进行标注，并按照这一逻辑统计企业数值。

第三章 区域创业竞争力特色指标分析

第一节 创业规模竞争力

创业规模利用指标体系中近三年创业企业数、近三年创业企业注册资本、当年创业企业数以及当年战略新兴产业创业企业数4个指标衡量。

一、近三年创业企业数

全国创业百强城市的数据显示,近三年创业企业数在100万个以上的有3个城市,即深圳市、上海市和北京市,在全国创业百强城市中占比3%;近三年创业企业数在30万~100万个的有17个城市,在这个区段排序前5的城市是广州市、重庆市、成都市、南京市和苏州市,在全国创业百强城市中占比17%;近三年创业企业数在15万~30万个的有31个城市,在这个区段排序前5的城市是厦门市、济南市、潍坊市、南宁市和温州市,在全国创业百强城市中占比31%;近三年创业企业数在10万~15万个的有21个城市,在这个区段排序前5的城市是临沂市、保定市、宜昌市、台州市和襄阳市,在全国创业百强城市中占比21%;近三年创业企业数小于10万个的有28个城市,在这个区段排序前5的城市是威海市、湖州市、滨州市、阜阳市和呼和浩特市,在全国创业百强城市中占28%(见图3-1)。

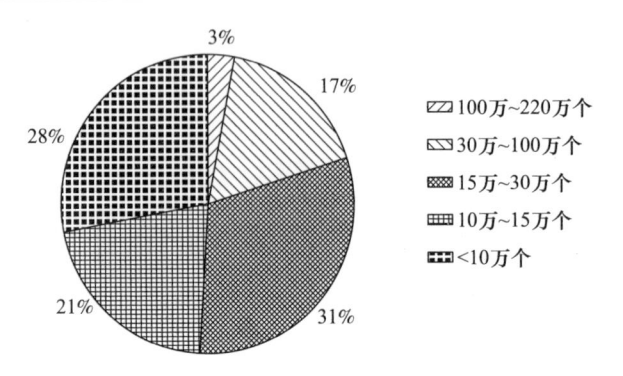

图 3-1 近三年创业企业数百强城市分布比例

二、近三年创业企业注册资本

近三年创业企业注册资本在 10 亿元以上的有 4 个城市，即重庆、深圳、上海和北京，在全国创业百强城市中占 4%；近三年创业企业注册资本在 2 亿~10 亿元的有 12 个城市，在这个区段排序前 5 的城市是苏州市、天津市、成都市、福州市和广州市，在全国创业百强城市中占 12%；近三年创业企业注册资本在 1 亿~2 亿元的有 21 个城市，在这个区段排序前 5 的城市是扬州市、厦门市、贵阳市、合肥市和临沂市，在全国创业百强城市中占 21%；近三年创业企业注册资本在 5000 万~10000 万元的有 34 个城市，在这个区段排序前 5 的城市是南昌市、海口市、淮安市、潍坊市和嘉兴市，在全国创业百强城市中占 34%；近三年创业企业注册资本在 5000 元以下的有 29 个城市，在这个区段排序前 5 的城市是邢台市、淄博市、襄阳市、湖州市和聊城市，在全国创业百强城市中占 29%（见图 3-2）。

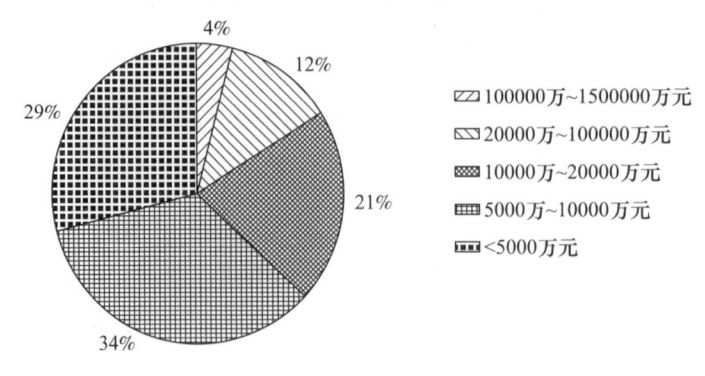

图 3-2 近三年创业企业注册资本百强城市分布比例

三、当年创业企业数

当年创业企业数量在50万个以上的有3个城市，即深圳市、上海市和北京市，在全国创业百强城市中占3%；当年创业企业数量在15万~50万个的有12个城市，在这个区段排序前5的城市是南京市、广州市、成都市、重庆市和苏州市，在全国创业百强城市中占12%；当年创业企业数在5万~15万的有36个城市，在这个区段排序前5的城市是合肥市、石家庄市、菏泽市、长沙市和宁波市，在全国创业百强城市中占36%；当年创业企业数在3万~5万个的有25个城市，在这个区段排序前5的城市是赣州市、唐山市、襄阳市、滨州市和聊城市，在全国创业百强城市中占25%；当年创业企业数在3万个以下的有24个城市，在这个区段排序前5的城市是桂林市、新乡市、柳州市、吉林市和秦皇岛市，在全国创业百强城市中占24%（见图3-3）。

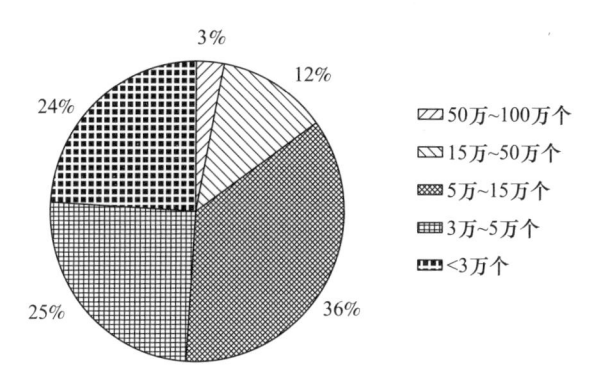

图3-3 当年创业企业数百强城市分布比例

四、当年战略新兴产业创业企业数

当年战略新兴产业创业企业数在10万个以上的有4个城市，即深圳市、上海市、成都市和广州市，在全国创业百强城市中占4%；当年战略新兴产业创业企业数在20~100千个的有18个城市，在这个区段排序前5的城市是北京市、天津市、武汉市、杭州市和重庆市，在全国创业百强城市中占18%；当年战略新兴产业创业企业数在10~20千个的有26个城市，在这个区段排序前5的城市是南京市、保定市、长春市、贵阳市和衡水市，在全国创业百强城市中占26%；当年战略新兴产业创业企业数在5~10千个的有32个城市，在这个区段排序前5的城市是临沂市、绍兴市、淄博市、徐州市和洛阳市，在全国创业百强城市中占32%；当年战略新兴产业创业企业数在5千个以下有20个城市，在这个区段排序前5的城市是吉林市、桂林市、银川市、蚌埠市和连云港市，在全国创业百强城市中占20%（见图3-4）。

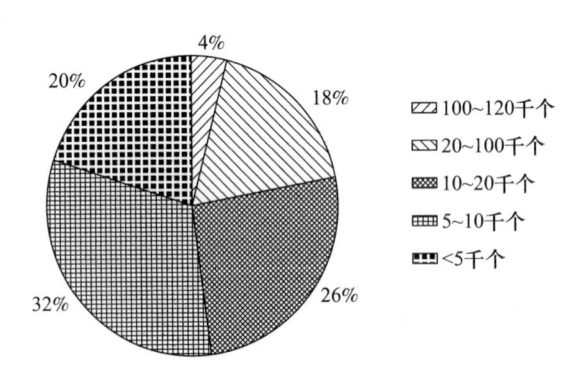

图3-4 当年战略新兴产业创业企业数百强城市分布比例

第二节 创业科技化水平

创业科技化水平利用指标体系中当年战略新兴产业创业企业数、近三年创业企业专利申请数、近三年创业企业有效发明数、近三年创业企业著作权数4个指标衡量。其中，当年战略新兴产业创业企业数已经在前一个特色指标中分析，在此不再赘述。

一、近三年创业企业专利申请数

近三年创业企业专利申请数在40千件以上的有5个城市，即苏州市、深圳市、北京市、成都市和上海市，在全国创业百强城市中占比5%；近三年创业企业专利申请数在 10~40 千件的有 18 个城市，在这个区段排序前 5 的城市是天津市、宁波市、杭州市、青岛市和重庆市，在全国创业百强城市中占比 18%；近三年创业企业专利申请数在 4~10 千件的有 21 个城市，在这个区段排序前 5 的城市是嘉兴市、泉州市、郑州市、湖州市、南通市和芜湖市，在全国创业百强城市中占比 21%；近三年创业企业专利申请数 1~4 千件的有 41 个城市，在这个区段排序前 5 的城市是衢州市、盐城市、安庆市、贵阳市和大连市，在全国创业百强城市中占比 41%；近三年创业企业专利申请数小于 1 千件的有 15 个城市，在这个区段排序前 5 的城市是长春市、廊坊市、黄冈市、邯郸市和连云港市，在全国创业百强城市中占比 15%（见图 3-5）。

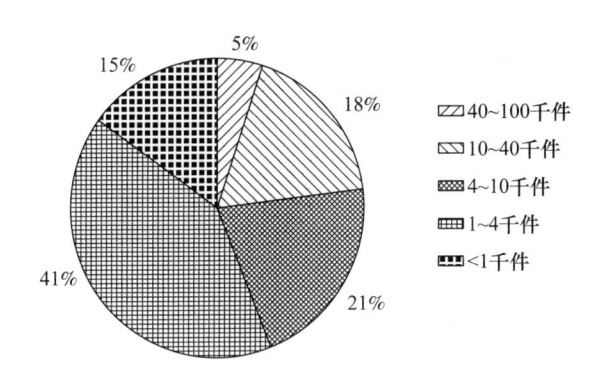

图 3-5 近三年创业企业专利申请数百强城市分布比例

二、近三年创业企业有效发明专利数

近三年创业企业有效发明专利数在 500 件以上的有 6 个城市，即上海市、苏州市、北京市、宁波市、深圳市和青岛市，在全国创业百强城市中占 6%；近三年创业企业有效发明数在 200~500 件的有 15 个城市，在这个区段排序前 5 的城市是成都市、无锡市、杭州市、广州市和天津市，在全国创业百强城市中占比 15%；近三年创业企业有效发明数在 50~200 件的有 32 个城市，在这个区段排序前 5 的城市是泉州市、烟台市、常州市、芜湖市和温州市，在全国创业百强城市中占比 32%；近三年创业企业有效发明数在 25~50 件的有 23 个城市，在这个区段排序前 5 的城市是徐州市、石家庄市、漳州市、德州市和东营市，在全国创业百强城市中占比23%；近三年创业企业有效发明专利数小于25件的有24个城市，在这个区段排序前5的城市是绵阳市、淮安市、宜昌市、长春市和聊城市，在全国创业百强城市中占比24%（见图3-6）。

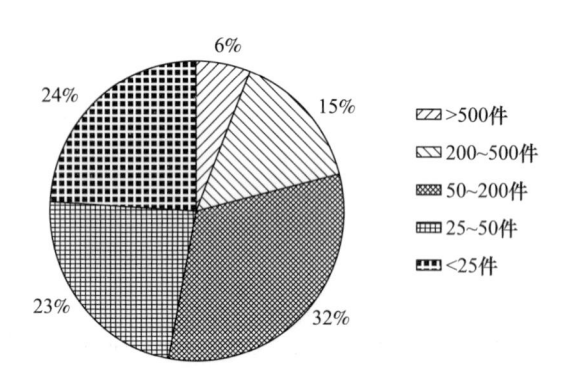

图3-6 近三年创业企业有效发明专利数百强城市分布比例

三、近三年创业企业著作权数

近三年创业企业著作权数在20000件以上的有5个城市，即北京市、上海市、深圳市、苏州市和广州市，在全国创业百强城市中占比5%；近三年创业企业有效发明数在2000~20000件的有19个城市，在这个区段排序前5的城市是杭州市、南京市、成都市、天津市和武汉市，在全国创业百强城市中占19%；近三年创业企业著作权数在500~2000件的有25个城市，在这个区段排序前5的城市是昆明市、佛山市、常州市、大连市和沈阳市，在全国创业百强城市中占25%；近三年创业企业著作权数在150~500件的有28个城市，在这个区段排序前5的城市是淮安市、盐城市、潍坊市、长春市和温州市，在全国创业百强城市中占28%；近三年创业企业著作权数在150件以下的有23个城市，包含银川市、襄阳市、南阳市、赣州市和连云港市，在全国创业百强城市中占23%（见图3-7）。

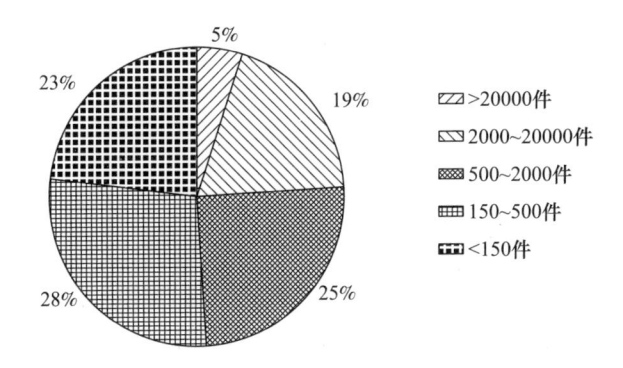

图 3-7 近三年创业企业著作权数百强城市分布比例

第三节 创业活跃程度

创业活跃程度利用指标体系中每百万人口中创业企业数、创业网站个数、区域创业新闻条数 3 个指标衡量。

一、每百万人口中创业企业数

全国创业百强城市的数据显示,每百万人口中创业企业数在 60000 个以上的有 4 个城市,即杭州市、深圳市、成都市和宁波市,在全国创业百强城市中占 4%;每百万人口中创业企业数在 25000~60000 个的有 15 个城市,在这个区段排序前 5 的城市是嘉兴市、金华市、郑州市、湖州市和南京市,在全国创业百强城市中占 15%;每百万人口中创业企业数在 18000~25000 个的有 21 个城市,在这个区段排序前 5 的城市是廊坊市、海口市、青岛市、无锡市和东莞市,在全国创业百强城市中占 21%;每百万人口中创业企业数在 10000~18000 个的有 32 个城市,在这个区段排序前 5 的城市是丽水市、武汉市、沧州市、南宁市和邯郸市,在全国创业百强城市中占 32%;每百万人口中创业企业数在 10000 个以下的有 28 个城市，在这个区段排序前 5 的城市是济宁市、重庆市、哈尔滨市、芜湖市和宜昌市，在全国创业百强城市中占 28%（见图 3-8）。

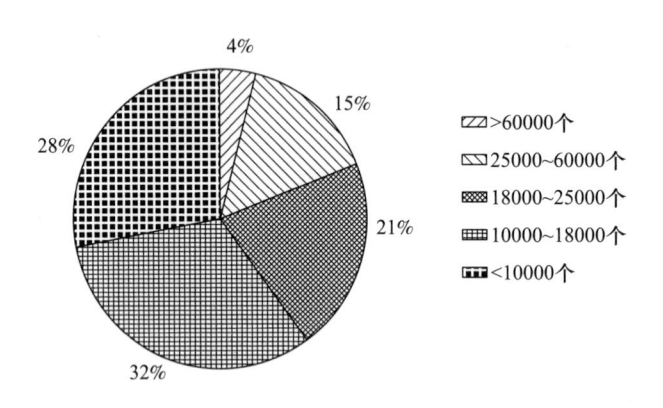

图 3-8　每百万人口中创业企业数百强城市分布比例

二、创业网站个数

创业网站个数在 100 个以上的有 3 个城市，即北京市、上海市和深圳市，在全国创业百强城市中占 3%；互联网站个数在 10~100 个的有 20 个城市，在这个区段排序前 5 的城市是广州市、武汉市、苏州市、杭州市和天津市，在全国创业百强城市中占 20%；互联网站个数在 5~10 个的有 20 个城市，在这个区段排序前 5 的城市是无锡市、昆明市、南宁市、佛山市和哈尔滨市，在全国创业百强城市中占 20%；互联网站个数在 2~5 个的有 35 个城市，在这个区段排序前 5 的城市是湖州市、廊坊市、徐州市、泰州市和惠州市，在全国创业百强城市中占 35%；互联网站个数在 2 个以下的有 22 个城市，在这个区段排序前 5 的城市是盐城市、珠海市、沧州市、菏泽市和兰州市，在全国创业百强城市中占 35%（见图 3-9）。

三、创业新闻条数

创业新闻条数在 2 万条以上的有 5 个城市，即北京市、上海市、深圳市、重庆市和广州市,在全国创业百强城市中占5%;创业新闻条数在5000~20000条的有15个城市,在这个区段排序前5的城市是成都市、西安市、杭州市、天津市和武汉市,在全国创业百强城市中占15%;创业新闻条数在1500~5000条的有25个城市,在这个区段排序前5的城市是温州市、郑州市、吉林市、沈阳市和福州市,在全国创业百强城市中占25%;创业新闻条数在500~1500条的有27个城市,在这个区段排序前5的城市是唐山市、海口市、泉州市、佛山市和太原市,在全国创业百强城市中占27%;创业新闻条数在500条以下的有28个城市,在这个区段排序前5的城市是秦皇岛市、南阳市、保定市、乌鲁木齐市和连云港市,在全国创业百强城市中占28%(见图3-10)。

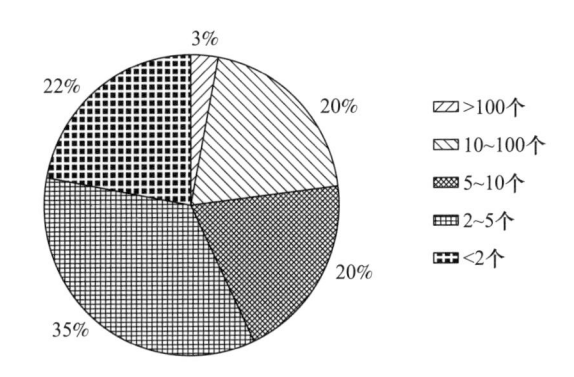

图3-9 创业网站个数百强城市分布比例

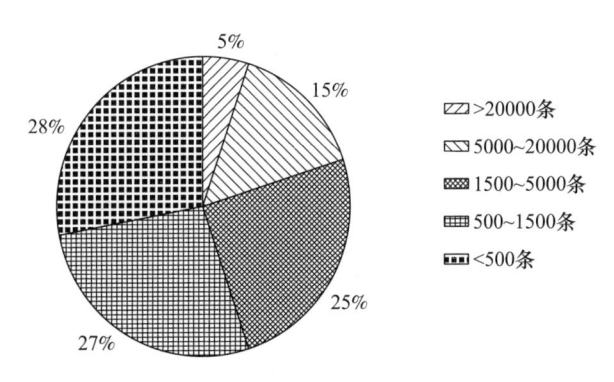

图3-10 创业新闻条数百强城市分布比例

第四节 创业经济产出

创业经济产出利用指标体系中新三板企业数和新三板企业市值 2 个指标衡量。

一、新三板企业数

全国创业百强城市的数据显示,新三板企业数在 200 个以上的有 5 个城市,即北京市、上海市、深圳市、苏州市和杭州市,在全国创业百强城市中占 5%;新三板企业数在 60~200 个的有 17 个城市,在这个区段排序前 5 的城市是广州市、无锡市、成都市、南京市和天津市,在全国创业百强城市中占 17%;新三板企业数在 25~60 个的有 18 个城市,在这个区段排序前 5 的城市是合肥市、珠海市、烟台市、佛山市和南通市,在全国创业百强城市中占 18%;新三板企业数在 15~30 个的有 25 个城市,在这个区段排序前 5 的城市是南昌市、乌鲁木齐市、洛阳市、潍坊市和贵阳市,在全国创业百强城市中占 25%;新三板企业数在 15 个以下有 35 个城市,在这个区段排序前 5 的城市是武汉市、济宁市、东营市、绵阳市和德州市,在全国创业百强城市中占 35%(见图 3-11)。

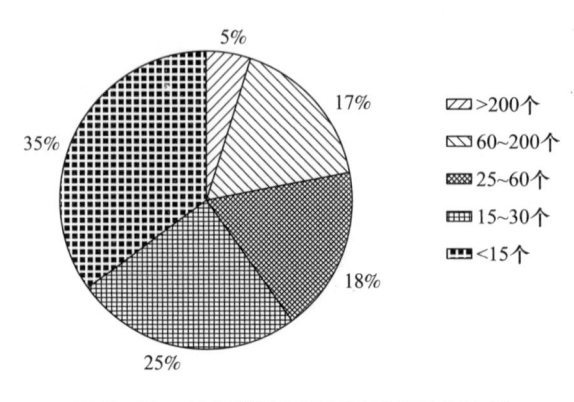

图 3-11 创业新闻条数百强城市分布比例

二、新三板企业市值

全国创业百强城市的数据显示，新三板企业市值在 1000000 亿元以上的有 4 个城市，即北京市、深圳市、上海市和广州市，在全国创业百强城市中占 4%；新三板企业市值在 150000 亿~1000000 亿元的有 17 个城市，在这个区段排序前 5 的城市是杭州市、佛山市、济南市、苏州市和烟台市，在全国创业百强城市中占 17%；新三板企业市值在 50000 亿~150000 亿元的有 20 个城市，在这个区段排序前 5 的城市是珠海市、天津市、重庆市、南通市和宿迁市，在全国创业百强城市中占 20%；新三板企业市值在 100 亿~50000 亿元的有 25 个城市，在这个区段排序前 5 的城市是绍兴市、兰州市、台州市、石家庄市和临沂市，在全国创业百强城市中占 25%；新三板企业市值在 100 亿元以下的有 34 个城市，在这个区段排序前 5 的城市是德州市、中山市、保定市、赣州市和漳州市，在全国创业百强城市中占 34%（见图 3-12）。

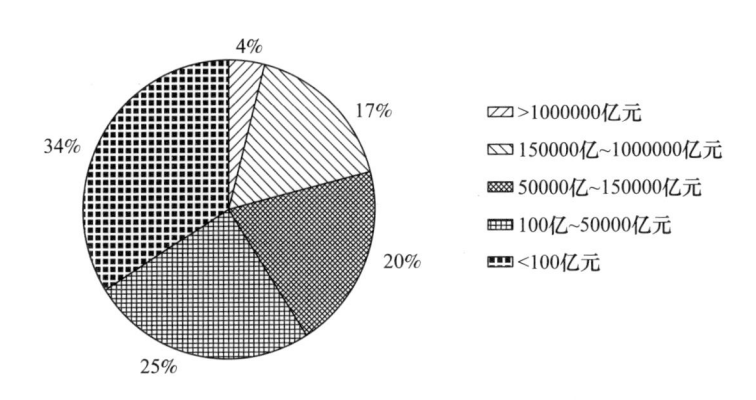

图 3-12 新三板企业市值百强城市分布比例

第四章 区域城市创业发展评价及排序[①]

第一节 河北省

河北省 2016 年在全国各省、直辖市和自治区中创业竞争力排序为 12，得分为 0.423。在 19 个二级指标中，河北省排序比较靠前的是宏观综合赋税水平，说明该省的创业成本在全国范围内比较有竞争力。

河北省内数据显示，创业综合竞争力排序第一类是石家庄市；第二类是保定市、唐山市、廊坊市和邯郸市。具体而言，在创业规模竞争力方面，2016 年河北省的整体得分是 0.608，排序为 8。省内表现比较突出的城市是石家庄市、保定市、邯郸市、邢台市和衡水市。在创业环境竞争力方面，2016 年河北省整体的得分是 0.450，排序为 16。省内表现比较突出的城市是石家庄市、唐山市、保定市、邯郸市和秦皇岛市。在创业产出竞争力方面，2016 年河北省的整体得分是 0.267，排序为 15。省内表现比较突出的城市是石家庄市、唐山市、保定市、廊坊市和沧州市（见图 4-1、表 4-1、表 4-2、表 4-3、表 4-4）。

---

① 区域城市以省、自治区为单位的设区市，不包含北京市、上海市、天津市和重庆市 4 个直辖市。

第四章 区域城市创业发展评价及排序

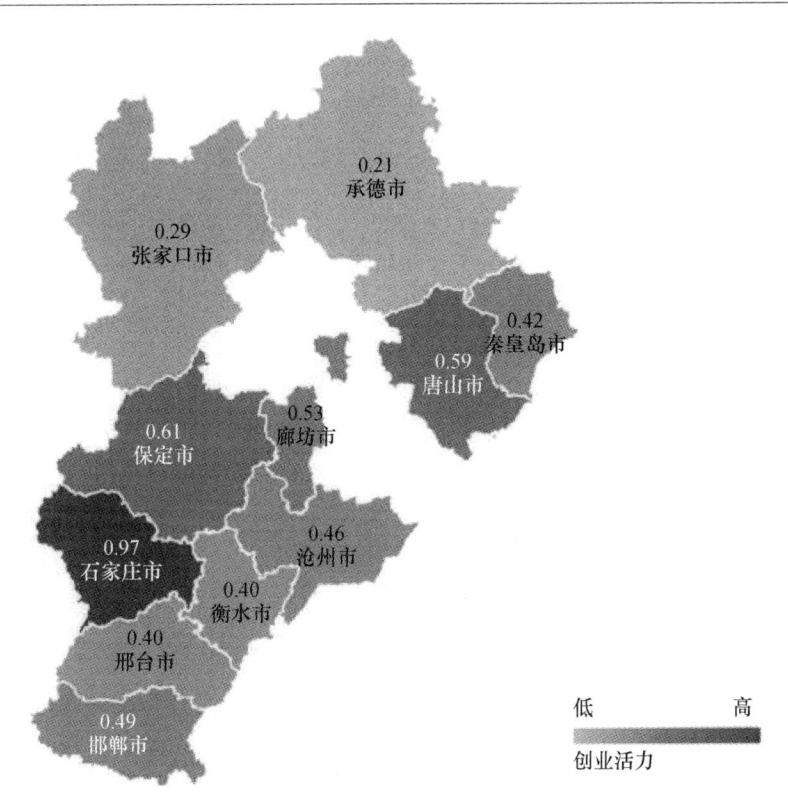

图4-1 河北省创业竞争力示意图

表4-1 2016年河北省设区市创业竞争力一级指标得分及其排序

城市	创业竞争力 得分	排序	01 创业规模 得分	排序	02 创业环境 得分	排序	03 创业产出水平 得分	排序
石家庄	0.9685	1	0.979	1	0.927	1	0.979	1
保定市	0.6107	2	0.661	2	0.534	3	0.606	3
唐山市	0.5931	3	0.491	8	0.606	2	0.667	2
廊坊市	0.5173	4	0.548	7	0.378	7	0.555	4
邯郸市	0.4903	5	0.590	3	0.464	4	0.424	7
沧州市	0.4593	6	0.558	6	0.234	10	0.483	5
秦皇岛市	0.4204	7	0.344	11	0.448	5	0.468	6
邢台市	0.4038	8	0.575	4	0.359	8	0.291	9
衡水市	0.4030	9	0.566	5	0.341	9	0.304	8
张家口市	0.2866	10	0.381	9	0.409	6	0.159	10
承德市	0.2051	11	0.357	10	0.210	11	0.085	11

表4-2 2016年河北省设区市创业规模竞争力得分及其排序

城市	01 创业规模竞争力		011 近三年创业企业数		012 近三年创业企业注册资本		013 当年创业企业数		014 当年战略新兴产业创业企业数		015 每百万人口中创业企业数		016 当年战略新兴产业创业企业占比	
	得分	排序	得分	排序	得分	排序	得分	排序	得分	排序	得分	排序	得分	排序
石家庄	0.979	1	1.000	1	1.000	1	1.000	1	1.000	1	1.000	1	0.583	6
保定市	0.661	2	0.703	2	0.658	3	0.723	2	0.687	2	0.541	5	0.534	7
唐山市	0.491	8	0.496	6	0.675	2	0.489	7	0.420	8	0.423	11	0.509	8
廊坊市	0.548	7	0.472	8	0.556	5	0.518	6	0.537	6	0.686	3	0.617	5
邯郸市	0.590	3	0.645	3	0.605	4	0.651	3	0.523	7	0.497	10	0.434	11
沧州市	0.558	6	0.572	5	0.500	6	0.552	5	0.614	5	0.511	8	0.693	4
秦皇岛市	0.344	11	0.279	11	0.280	10	0.275	11	0.207	11	0.604	4	0.445	10
邢台市	0.575	4	0.585	4	0.459	7	0.593	4	0.637	4	0.534	7	0.695	3
衡水市	0.566	5	0.493	7	0.418	8	0.455	8	0.654	3	0.735	2	1.000	1
张家口市	0.381	9	0.339	9	0.373	9	0.342	9	0.289	10	0.511	9	0.502	9
承德市	0.357	10	0.285	10	0.245	11	0.285	10	0.329	9	0.538	6	0.700	2

表4-3 2016年河北省设区市创业环境竞争力得分及其排序

城市	02 创业环境竞争力		021 区域平均办公租金		022 区域平均劳动力成本		023 宏观综合赋税水平		024 创业网站个数		025 区域创业新闻条数	
	得分	排序	得分	排序	得分	排序	得分	排序	得分	排序	得分	排序
石家庄	0.927	1	0.3514	10	0.569	9	0.6115	6	1.000	1	1.000	1
保定市	0.534	3	0.531	9	0.614	6	0.646	5	0.692	2	0.372	5
唐山市	0.606	2	0.685	5	0.522	10	1.000	1	0.450	4	0.702	2
廊坊市	0.378	7	0.335	11	0.520	11	0.351	11	0.600	3	0.173	10
邯郸市	0.464	4	0.855	2	0.797	2	0.840	3	0.300	7	0.488	3
沧州市	0.234	10	0.596	7	0.599	7	0.769	4	0.150	10	0.167	11
秦皇岛市	0.448	5	0.820	3	0.596	8	0.471	9	0.450	4	0.385	4
邢台市	0.359	8	1.000	1	0.770	3	0.904	2	0.300	7	0.235	9
衡水市	0.341	9	0.831	3	0.672	4	0.594	8	0.300	7	0.258	7
张家口市	0.409	6	0.555	8	1.000	1	0.440	10	0.450	4	0.287	6
承德市	0.210	11	0.633	6	0.670	5	0.604	7	0.000	11	0.254	8

表4-4 2016年河北省设区市创业产出水平竞争力得分及其排序

城市	O3 创业产出水平竞争力 得分	排序	O31 近三年创业企业专利申请数 得分	排序	O32 近三年创业企业有效发明专利数 得分	排序	O33 近三年创业企业著作权数 得分	排序	O34 新三板企业数 得分	排序	O35 新三板企业市值 得分	排序	O36 近三年战略新兴产业创业企业专利申请数 得分	排序	O37 近三年战略新兴产业创业企业有效发明专利数 得分	排序	O38 近三年战略新兴产业创业企业著作权数 得分	排序
石家庄市	0.979	1	1.000	1	1.000	1	1.000	1	1.000	1	0.578	3	1.000	1	1.000	1	1.000	1
保定市	0.606	3	0.647	3	0.648	3	0.643	3	0.633	2	0.001	4	0.633	3	0.711	2	0.538	4
唐山市	0.667	2	0.706	2	0.72	2	0.769	2	0.619	3	0.001	5	0.688	2	0.696	3	0.850	2
廊坊市	0.555	4	0.619	4	0.635	5	0.444	5	0.605	5	0.617	2	0.435	8	0.153	9	0.442	5
邯郸市	0.424	7	0.564	5	0.648	3	0.268	7	0.361	7	0.000	8	0.623	4	0.696	3	0.254	6
沧州市	0.483	5	0.553	6	0.559	6	0.339	6	0.619	3	0.001	6	0.603	5	0.563	5	0.102	10
秦皇岛市	0.468	6	0.411	8	0.261	9	0.607	4	0.464	6	1.000	1	0.356	9	0.307	7	0.606	3
邢台市	0.291	9	0.486	7	0.336	7	0.173	10	0.309	9	0.000	7	0.490	6	0.307	7	0.140	9
衡水市	0.304	8	0.386	9	0.336	7	0.192	9	0.361	7	0.000	9	0.467	7	0.409	6	0.216	8

第二节 山西省

山西省 2016 年在全国各省、直辖市和自治区中创业竞争力排序为 24，得分为 0.198。在 19 个二级指标中，河北省排序比较靠前的是区域平均劳动力水平和区域平均办公租金，说明该省的创业成本在全国范围内比较有竞争力。

山西省内数据显示，创业综合竞争力排序第一类是太原市；第二类是运城市、临汾市和晋中市。具体而言，在创业规模竞争力方面，2016 年山西省的整体得分是 0.340，排序为 21。省内表现比较突出的城市是太原市、运城市、晋中市、临汾市和长治市。在创业环境竞争力方面，2016 年山西省的整体得分是 0.213，排序为 21。省内表现比较突出的城市是太原市、晋城市、运城市、阳泉市和忻州市。在创业产出竞争力方面，2016 年山西省的整体得分是 0.080，排序为 24。省内表现比较突出的城市是太原市、运城市、临汾市、晋中市和大同市（见图 4-2、表 4-5、表 4-6、表 4-7、表 4-8）。

表 4-5　2016 年山西省设区市创业竞争力一级指标得分及其排序

城市	创业竞争力 得分	排序	01 创业规模 得分	排序	02 创业环境 得分	排序	03 创业产出水平 得分	排序
太原市	0.9766	1	0.989	1	0.903	1	1.000	1
运城市	0.5510	2	0.623	2	0.541	3	0.500	2
临汾市	0.4147	3	0.569	4	0.214	11	0.384	3
晋中市	0.4075	4	0.588	3	0.268	9	0.329	4
晋城市	0.3869	5	0.502	6	0.598	2	0.204	7
大同市	0.3624	6	0.450	7	0.322	7	0.312	5
长治市	0.3595	7	0.512	5	0.300	8	0.267	6
忻州市	0.2877	8	0.439	8	0.412	5	0.114	10
朔州市	0.2745	9	0.390	10	0.341	6	0.155	8
吕梁市	0.2611	10	0.433	9	0.218	10	0.147	9
阳泉市	0.2501	11	0.297	11	0.535	4	0.087	11

图中标注：
- 大同市 0.36
- 朔州市 0.27
- 忻州市 0.29
- 吕梁市 0.26
- 太原市 0.98
- 阳泉市 0.25
- 晋中市 0.41
- 长治市 0.36
- 临汾市 0.41
- 晋城市 0.39
- 运城市 0.55

低　　　高
创业活力

图 4-2　山西省创业活力示意图

表 4-6　2016 年山西省设区市创业规模竞争力得分及其排序

城市	01 创业规模竞争力 得分	排序	011 近三年创业企业数 得分	排序	012 近三年创业企业注册资本 得分	排序	013 当年创业企业数 得分	排序	014 当年战略新兴产业创业企业数 得分	排序	015 每百万人口中创业企业数 得分	排序	016 当年战略新兴产业创业企业占比 得分	排序
太原市	0.989	1	1.000	1	1.000	1	1.000	1	1.000	1	1.000	1	0.775	3
运城市	0.623	2	0.642	2	0.612	3	0.641	2	0.672	2	0.468	7	0.961	2
临汾市	0.569	4	0.602	3	0.587	4	0.602	3	0.575	4	0.462	8	0.589	7
晋中市	0.588	3	0.555	4	0.623	2	0.547	4	0.614	3	0.554	4	1.000	1
晋城市	0.502	6	0.475	6	0.322	8	0.463	6	0.481	5	0.635	2	0.733	5

续表

城市	01 创业规模竞争力 得分	排序	011 近三年创业企业数 得分	排序	012 近三年创业企业注册资本 得分	排序	013 当年创业企业数 得分	排序	014 当年战略新兴产业创业企业数 得分	排序	015 每百万人口中创业企业数 得分	排序	016 当年战略新兴产业创业企业占比 得分	排序
大同市	0.450	7	0.457	7	0.489	6	0.462	7	0.340	9	0.458	9	0.458	11
长治市	0.512	5	0.537	5	0.527	5	0.498	5	0.418	7	0.528	5	0.52	9
忻州市	0.439	8	0.431	9	0.303	9	0.422	9	0.447	6	0.454	10	0.769	4
朔州市	0.390	10	0.345	10	0.297	10	0.337	10	0.250	10	0.621	3	0.461	10
吕梁市	0.433	9	0.445	8	0.435	7	0.451	8	0.403	8	0.375	11	0.555	8
阳泉市	0.297	11	0.222	11	0.217	11	0.215	11	0.208	11	0.519	6	0.604	6

表4-7 2016年山西省设区市创业环境竞争力得分及其排序

城市	02 创业环境竞争力 得分	排序	021 区域平均办公租金 得分	排序	022 区域平均劳动力成本 得分	排序	023 宏观综合赋税水平 得分	排序	024 创业网站个数 得分	排序	025 区域创业新闻条数 得分	排序
太原市	0.903	1	0.292	11	0.292	11	0.473	10	1.000	1	1.000	1
运城市	0.541	3	0.727	5	0.727	5	1.000	1	0.607	2	0.390	7
临汾市	0.214	11	0.430	10	0.430	10	0.625	4	0.000	6	0.310	9
晋中市	0.268	9	0.503	8	0.503	8	0.495	9	0.000	6	0.428	6
晋城市	0.598	2	0.455	9	0.455	9	0.525	7	0.607	2	0.630	2
大同市	0.322	7	0.520	7	0.520	7	0.541	6	0.000	6	0.541	3
长治市	0.300	8	0.547	6	0.547	6	0.588	5	0.000	6	0.480	4
忻州市	0.412	5	0.992	2	0.992	2	0.439	11	0.607	2	0.107	11
朔州市	0.341	6	1.000	1	1.000	1	0.792	2	0.000	6	0.447	5
吕梁市	0.218	10	0.786	4	0.786	4	0.500	8	0.000	6	0.255	10
阳泉市	0.535	4	0.956	3	0.956	3	0.641	3	0.607	2	0.365	8

第四章 区域城市创业发展评价及排序

表4-8 2016年山西省设区市创业产出水平竞争力得分及其排序

城市	03 创业产出水平竞争力 得分	排序	031 近三年创业企业专利申请数 得分	排序	032 近三年创业企业有效发明专利数 得分	排序	033 近三年创业企业著作权数 得分	排序	034 新三板企业数 得分	排序	035 新三板企业市值 得分	排序	036 近三年战略新兴产业创业企业专利申请数 得分	排序	037 近三年战略新兴产业创业企业有效发明专利数 得分	排序	038 近三年战略新兴产业创业企业著作权数 得分	排序
太原市	1.000	1	1.000	1	1.000	1	1.000	1	1.000	1	1.000	1	1.000	1	1.000	1	1.000	1
运城市	0.500	2	0.561	4	0.703	2	0.207	3	0.566	3	0.538	4	0.463	5	0.617	3	0.144	3
临汾市	0.384	3	0.507	5	0.197	8	0.136	4	0.641	2	0.614	3	0.246	7	0.617	3	0.068	6
晋中市	0.329	4	0.647	2	0.394	4	0.242	2	0.189	5	0.074	5	0.839	2	0.617	3	0.255	2
晋城市	0.204	7	0.482	6	0.493	3	0.114	7	0.000	8	0.000	6	0.385	6	0.000	8	0.059	7
大同市	0.312	5	0.173	11	0.197	8	0.114	7	0.566	3	0.614	2	0.174	9	0.617	3	0.017	10
长治市	0.267	6	0.645	3	0.296	5	0.088	9	0.189	5	0.000	6	0.769	3	0.809	2	0.068	5
忻州市	0.114	10	0.197	9	0.197	8	0.123	6	0.000	8	0.000	6	0.102	10	0.617	3	0.025	9
朔州市	0.155	8	0.193	10	0.296	5	0.035	11	0.189	5	0.000	6	0.06	11	0.000	8	0.034	8
吕梁市	0.147	9	0.268	7	0.296	5	0.132	5	0.000	8	0.000	6	0.541	4	0.000	8	0.136	4
阳泉市	0.087	11	0.233	8	0.197	8	0.040	10	0.000	8	0.000	6	0.240	8	0.000	8	0.017	10

第三节 内蒙古自治区

内蒙古自治区2016年在全国各省、直辖市和自治区中创业竞争力排序为25，得分为0.185。在19个二级指标中，内蒙古自治区排序比较靠前的是区域平均办公租金，说明该省的创业成本在全国范围内比较有竞争力。

内蒙古自治区内数据显示，创业综合竞争力排序第一类是呼和浩特市；第二类是包头市、赤峰市和鄂尔多斯市。具体而言，在创业规模竞争力方面，2016年内蒙古自治区的整体得分是0.332，排序为23。自治区内表现比较突出的城市是呼和浩特市、赤峰市、包头市、鄂尔多斯市和呼伦贝尔市。在创业环境竞争力方面，2016年内蒙古自治区的整体得分是0.203，排序为24。自治区内表现比较突出的城市是包头市、呼和浩特市、鄂尔多斯市、通辽市和乌海市。在创业产出竞争力方面，2016年内蒙古自治区的整体得分是0.062，排序为23。自治区内表现比较突出的城市是呼和浩特市、包头市、赤峰市、鄂尔多斯市和乌兰察布市（见图4-3、表4-9、表4-10、表4-11、表4-12）。

表4-9 2016年内蒙古自治区设区市创业竞争力一级指标得分及其排序

城市	创业竞争力 得分	排序	01 创业规模 得分	排序	02 创业环境 得分	排序	03 创业产出水平 得分	排序
呼和浩特市	0.8859	1	0.938	1	0.763	2	0.900	1
包头市	0.6993	2	0.684	3	0.780	1	0.675	2
赤峰市	0.6134	3	0.780	2	0.201	7	0.667	3
鄂尔多斯市	0.5859	4	0.667	4	0.576	3	0.528	4
乌兰察布市	0.4556	5	0.493	7	0.281	6	0.504	5
呼伦贝尔市	0.3972	6	0.653	5	0.201	8	0.285	6

续表

城市	创业竞争力 得分	排序	01 创业规模 得分	排序	02 创业环境 得分	排序	03 创业产出水平 得分	排序
通辽市	0.3538	7	0.623	6	0.437	4	0.107	8
巴彦淖尔市	0.2961	8	0.463	8	0.192	9	0.213	7
乌海市	0.1850	9	0.269	10	0.422	5	0.014	12
锡林郭勒盟	0.1737	10	0.317	9	0.121	11	0.086	10
兴安盟	0.1689	11	0.264	11	0.152	10	0.103	9
阿拉善盟	0.0765	12	0.137	12	0.108	12	0.015	11

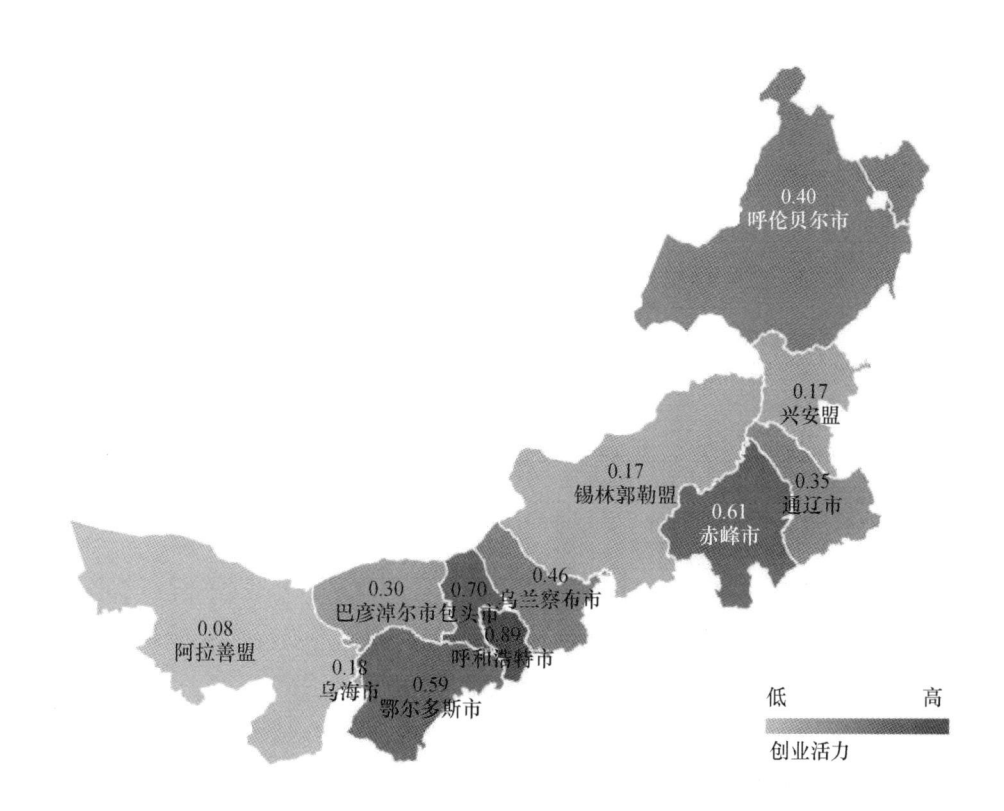

图 4-3 内蒙古自治区创业竞争力示意图

表4-10 2016年内蒙古自治区设区市创业规模竞争力得分及其排序

城市	01 创业规模竞争力 得分	排序	011 近三年创业企业数 得分	排序	012 近三年创业企业注册资本 得分	排序	013 当年创业企业数 得分	排序	014 当年战略新兴产业创业企业数 得分	排序	015 当年战略新兴产业创业企业占比 得分	排序
呼和浩特市	0.938	1	1.000	1	0.582	3	1.000	1	1.000	1	0.599	7
包头市	0.684	3	0.734	3	0.362	6	0.728	3	0.749	3	0.628	6
赤峰市	0.780	2	0.931	2	0.401	5	0.870	2	0.855	2	0.578	8
鄂尔多斯市	0.667	4	0.657	5	0.647	2	0.681	5	0.557	5	0.427	11
乌兰察布市	0.493	7	0.543	7	0.201	8	0.469	7	0.450	7	0.551	10
呼伦贝尔市	0.653	5	0.590	6	1.000	1	0.586	6	0.661	4	0.814	2
通辽市	0.623	6	0.722	4	0.346	7	0.695	4	0.519	6	0.384	12
巴彦淖尔市	0.463	8	0.383	9	0.550	4	0.375	9	0.429	9	0.715	4
乌海市	0.269	10	0.152	11	0.057	12	0.156	11	0.153	12	0.561	9
锡林郭勒盟	0.317	9	0.424	8	0.150	9	0.393	8	0.433	8	0.665	5
兴安盟	0.264	11	0.336	10	0.092	10	0.309	10	0.372	10	0.782	3
阿拉善盟	0.137	12	0.113	12	0.085	11	0.115	12	0.160	11	1.000	1

表4-11 2016年内蒙古自治区设区市创业环境竞争力得分及其排序

城市	02 创业环境竞争力 得分	排序	021 区域平均办公租金 得分	排序	022 区域平均劳动力成本 得分	排序	023 宏观综合赋税水平 得分	排序	024 创业网站个数 得分	排序	025 区域创业新闻条数 得分	排序
呼和浩特市	0.763	2	0.364	12	0.814	3	0.555	8	1.000	1	0.614	2
包头市	0.780	1	0.431	9	0.573	9	0.694	6	0.613	2	1.000	1
赤峰市	0.201	7	0.379	11	0.700	6	0.922	2	0.000	6	0.224	5
鄂尔多斯市	0.576	3	0.380	10	0.484	12	0.421	11	0.613	2	0.592	3
乌兰察布市	0.281	6	0.982	2	0.625	8	0.830	3	0.000	6	0.354	4
呼伦贝尔市	0.201	8	0.877	3	0.741	4	0.746	5	0.000	6	0.184	8
通辽市	0.437	4	0.551	8	0.857	2	0.756	4	0.613	2	0.186	7
巴彦淖尔市	0.192	9	0.710	6	1.000	1	0.600	7	0.000	6	0.171	9
乌海市	0.422	5	0.827	5	0.687	7	0.309	12	0.613	2	0.191	6
锡林郭勒盟	0.121	11	1.000	1	0.549	11	0.474	9	0.000	6	0.043	12
兴安盟	0.152	10	0.849	4	0.733	5	1.000	1	0.000	6	0.051	11
阿拉善盟	0.108	12	0.626	7	0.564	10	0.438	10	0.000	6	0.059	10

表4-12 2016年内蒙古自治区设区市创业产出水平竞争力得分及其排序

城市	O3 创业产出水平竞争力 得分	排序	031 近三年创业企业专利申请数 得分	排序	032 近三年创业企业有效发明专利数 得分	排序	033 近三年创业企业著作权数 得分	排序	034 新三板企业数 得分	排序	035 新三板企业市值 得分	排序	036 近三年战略新兴产业创业企业专利申请数 得分	排序	037 近三年战略新兴产业创业企业有效发明专利数 得分	排序	038 近三年战略新兴产业创业企业著作权数 得分	排序
呼和浩特市	0.900	1	0.747	3	0.814	3	1.000	1	1.000	1	1.000	1	0.613	3	0.424	2	1.000	1
包头市	0.675	2	1.000	1	0.851	2	0.489	5	0.667	3	0.613	3	0.859	2	0.000	4	0.277	4
赤峰市	0.667	3	0.628	4	0.740	4	0.610	2	0.700	2	0.762	2	0.431	5	0.424	2	0.663	2
鄂尔多斯市	0.528	4	0.975	2	0.424	5	0.601	3	0.400	5	0.339	6	1.000	1	0.000	4	0.607	3
乌兰察布市	0.504	5	0.318	5	1.000	1	0.579	4	0.200	7	0.466	4	0.461	4	1.000	1	0.055	7
呼伦贝尔市	0.285	6	0.206	7	0.282	6	0.045	8	0.600	4	0.000	9	0.221	6	0.000	4	0.055	7
通辽市	0.107	8	0.227	6	0.141	7	0.226	6	0.000	10	0.000	9	0.040	10	0.000	4	0.055	9
巴彦淖尔市	0.213	7	0.080	10	0.141	7	0.196	7	0.400	5	0.070	7	0.030	11	0.000	4	0.166	6
乌海市	0.014	12	0.056	12	0.000	9	0.023	11	0.000	10	0.000	9	0.100	9	0.000	4	0.000	10
锡林郭勒盟	0.086	10	0.073	11	0.000	9	0.030	9	0.200	7	0.056	8	0.000	12	0.000	4	0.166	5
兴安盟	0.103	9	0.084	9	0.000	9	0.030	9	0.200	7	0.466	4	0.110	8	0.000	4	0.000	10
阿拉善盟	0.015	11	0.091	8	0.000	9	0.000	12	0.000	10	0.000	9	0.150	7	0.000	4	0.000	10

第四节 辽宁省

辽宁省2016年在全国各省、直辖市和自治区中创业竞争力排序为15，得分为0.381。在19个二级指标中，辽宁省排序比较靠前的是宏观综合赋税水平，说明该省的创业成本在全国范围内比较有竞争力。

辽宁省内数据显示，创业综合竞争力排序第一类是大连市和沈阳市；第二类是鞍山市和锦州市。具体而言，在创业规模竞争力方面，2016年辽宁省整体的得分是0.448，排序为14。省内表现比较突出的城市是大连市、沈阳市、锦州市、营口市、丹东市。在创业环境竞争力方面，2016年辽宁省整体的得分是0.491，排序为13。省内表现比较突出的城市是大连市、沈阳市、铁岭市、鞍山市和盘锦市。在创业产出竞争力方面，2016年辽宁省整体的得分是0.280，排序为14。省内表现比较突出的城市是大连市、沈阳市、鞍山市、营口市和锦州市（见图4-4、表4-13、表4-14、表4-15、表4-16）。

表4-13 2016年辽宁省设区市创业竞争力一级指标得分及其排序

城市	创业竞争力 得分	排序	01 创业规模 得分	排序	02 创业环境 得分	排序	03 创业产出水平 得分	排序
大连市	0.9526	1	0.945	1	0.908	1	0.979	1
沈阳市	0.8814	2	0.927	2	0.845	2	0.862	2
鞍山市	0.4051	3	0.363	10	0.285	4	0.491	3
锦州市	0.3277	4	0.566	3	0.205	7	0.197	5
营口市	0.2986	5	0.469	4	0.133	12	0.239	4
铁岭市	0.2934	6	0.380	8	0.388	3	0.184	6
盘锦市	0.2270	7	0.368	9	0.237	5	0.113	8
丹东市	0.2143	8	0.399	5	0.137	11	0.104	10
抚顺市	0.2087	9	0.392	6	0.125	13	0.103	11

续表

城市	创业竞争力 得分	排序	01 创业规模 得分	排序	02 创业环境 得分	排序	03 创业产出水平 得分	排序
朝阳市	0.2031	10	0.386	7	0.233	6	0.048	13
葫芦岛市	0.1853	11	0.327	12	0.111	14	0.108	9
辽阳市	0.1812	12	0.282	13	0.145	9	0.119	7
阜新市	0.1668	13	0.356	11	0.145	8	0.030	14
本溪市	0.1449	14	0.260	14	0.141	10	0.057	12

图 4-4 辽宁省创业竞争力示意图

表 4-14 2016 年辽宁省设区市创业规模竞争力得分及其排序

城市	01 创业规模竞争力		011 近三年创业企业数量		012 近三年创业企业注册资本		013 当年创业企业数		014 当年战略新兴产业创业企业数		015 每百万人口中创业企业数		016 当年战略新兴产业创业企业占比	
	得分	排序	得分	排序	得分	排序	得分	排序	得分	排序	得分	排序	得分	排序
大连市	0.945	1	0.986	2	1.000	1	0.985	2	0.679	4	1.000	1	0.700	4
沈阳市	0.927	2	1.000	1	0.843	2	1.000	1	0.659	5	0.884	2	1.000	1
鞍山市	0.363	10	0.391	4	0.382	4	0.367	5	0.093	12	0.383	13	0.61	7
锦州市	0.566	3	0.526	3	0.374	5	0.508	3	1.000	1	0.603	4	0.469	10
营口市	0.469	4	0.390	5	0.546	3	0.380	4	0.616	7	0.590	5	0.461	11
铁岭市	0.380	8	0.390	6	0.274	9	0.356	6	0.407	9	0.429	10	0.412	13
盘锦市	0.368	9	0.234	13	0.372	6	0.244	12	0.521	8	0.643	3	0.385	14
丹东市	0.399	5	0.342	7	0.252	10	0.332	8	0.621	6	0.503	7	0.515	9
抚顺市	0.392	6	0.301	11	0.284	8	0.293	11	0.695	3	0.491	8	0.651	6
朝阳市	0.386	7	0.326	8	0.239	11	0.338	7	0.723	2	0.358	14	0.721	3
葫芦岛市	0.327	12	0.312	10	0.326	7	0.329	9	0.072	13	0.424	11	0.526	8
辽阳市	0.282	13	0.246	12	0.229	12	0.228	13	0.058	14	0.46	9	0.613	5
阜新市	0.356	11	0.325	9	0.198	13	0.302	10	0.256	11	0.575	6	0.451	12
本溪市	0.260	14	0.165	14	0.126	14	0.162	14	0.358	10	0.387	12	0.884	2

表 4-15 2016 年辽宁省设区市创业环境竞争力得分及其排序

城市	02 创业环境竞争力		021 区域平均办公租金		022 区域平均劳动力成本		023 宏观综合赋税水平		024 创业网站个数		025 区域创业新闻条数	
	得分	排序	得分	排序	得分	排序	得分	排序	得分	排序	得分	排序
大连市	0.908	1	0.234	14	0.404	14	0.523	11	1.000	1	1.000	1
沈阳市	0.845	2	0.382	13	0.463	13	0.471	14	0.889	2	0.941	2
鞍山市	0.285	4	0.547	9	0.693	5	0.777	2	0.233	4	0.201	4
锦州市	0.205	7	0.464	11	0.592	9	0.743	3	0.233	4	0.047	13
营口市	0.133	12	0.612	8	0.573	10	0.571	9	0.000	7	0.100	7
铁岭市	0.388	3	1.000	1	0.732	3	0.578	8	0.612	3	0.061	12
盘锦市	0.237	5	0.786	3	0.763	2	0.519	12	0.233	4	0.090	8
丹东市	0.137	11	0.486	10	1.000	1	0.583	7	0.000	7	0.076	10
抚顺市	0.125	13	0.703	7	0.559	11	0.675	4	0.000	7	0.063	11
朝阳市	0.233	6	0.774	4	0.684	6	0.620	5	0.000	7	0.287	3
葫芦岛市	0.111	14	0.727	6	0.596	8	0.495	13	0.000	7	0.045	14
辽阳市	0.145	9	0.813	2	0.553	12	0.596	6	0.000	7	0.104	6
阜新市	0.145	8	0.729	5	0.623	7	0.555	10	0.000	7	0.111	5
本溪市	0.141	10	0.398	12	0.705	4	1.000	1	0.000	7	0.080	9

表4-16 2016年辽宁省设区市创业产出水平竞争力得分及其排序

城市	03 创业产出水平竞争力 得分	排序	031 近三年创业企业专利申请数 得分	排序	032 近三年创业企业有效发明专利数 得分	排序	033 近三年创业企业著作权数 得分	排序	034 新三板企业数 得分	排序	035 新三板企业市值 得分	排序	036 近三年战略新兴产业创业企业专利申请数 得分	排序	037 近三年战略新兴产业创业企业有效发明专利数 得分	排序	038 近三年战略新兴产业创业企业著作权数 得分	排序
大连市	0.979	1	0.951	2	0.965	2	1.000	1	1.000	1	1.000	1	0.899	2	0.836	2	1.000	1
沈阳市	0.862	2	1.000	1	1.000	1	0.957	2	0.762	2	0.018	3	1.000	1	1.000	1	0.832	2
鞍山市	0.491	3	0.632	3	0.633	3	0.287	3	0.617	3	0.003	7	0.422	3	0.610	3	0.051	6
锦州市	0.197	5	0.273	4	0.124	6	0.108	5	0.311	4	0.002	8	0.255	4	0.339	5	0.080	4
营口市	0.239	4	0.231	5	0.432	4	0.118	4	0.249	5	0.004	6	0.100	8	0.424	4	0.047	8
铁岭市	0.184	6	0.149	7	0.340	5	0.042	12	0.249	5	0.004	5	0.139	5	0.085	8	0.025	9
盘锦市	0.113	8	0.085	12	0.124	6	0.071	7	0.187	7	0.000	10	0.059	13	0.000	10	0.064	5
丹东市	0.104	10	0.187	6	0.124	6	0.063	8	0.124	9	0.006	4	0.119	7	0.000	10	0.021	12
抚顺市	0.103	11	0.120	9	0.093	11	0.045	11	0.187	7	0.000	9	0.073	10	0.000	10	0.021	10
朝阳市	0.048	13	0.096	10	0.093	11	0.053	10	0.000	13	0.000	13	0.136	6	0.000	10	0.021	11
葫芦岛市	0.108	9	0.087	11	0.124	6	0.100	6	0.124	9	0.000	12	0.069	11	0.170	6	0.123	3
辽阳市	0.119	7	0.134	8	0.062	13	0.032	13	0.124	9	0.811	2	0.067	12	0.085	8	0.004	13
阜新市	0.030	14	0.051	14	0.000	14	0.024	14	0.062	12	0.000	11	0.000	14	0.000	10	0.000	14
本溪市	0.057	12	0.060	13	0.124	6	0.060	9	0.000	13	0.000	13	0.087	9	0.170	6	0.051	6

第五节 吉林省

吉林省2016年在全国各省、直辖市和自治区中创业竞争力排序为22，得分为0.219。在19个二级指标中，吉林省排序比较靠前的是宏观综合赋税水平，并且区域平均劳动力水平在全国排序第一，说明创业成本在全国范围内比较有竞争力。

吉林省内数据显示，创业综合竞争力排序第一类是长春市；第二类是吉林市、延边朝鲜族自治州、四平市、通化市。具体而言，在创业规模竞争力方面，2016年吉林省的整体得分是0.344，排序为20。省内表现比较突出的城市是长春市、吉林市、四平市、延边朝鲜族自治州、白城市。在创业环境竞争力方面，2016年吉林省的整体得分是0.320，排序为18。省内表现比较突出的城市是吉林市、长春市、延边朝鲜族自治州、辽源市、白城市。在创业产出竞争力方面，2016年吉林省的整体得分是0.076，排序为25。省内表现比较突出的城市是长春市、吉林市、通化市、四平市、延边朝鲜族自治州（见图4-5、表4-17、表4-18、表4-19、表4-20）。

表4-17 2016年吉林省设区市创业竞争力一级指标得分及其排序

城市	创业竞争力 得分	排序	01 创业规模 得分	排序	02 创业环境 得分	排序	03 创业产出水平 得分	排序
长春市	0.9261	1	0.990	1	0.807	2	0.930	1
吉林市	0.6506	2	0.585	2	0.813	1	0.630	2
延边朝鲜族自治州	0.3917	3	0.532	4	0.366	3	0.294	5
四平市	0.3612	4	0.550	3	0.116	8	0.323	4
通化市	0.3425	5	0.382	7	0.129	6	0.407	3
白城市	0.2460	6	0.451	5	0.140	5	0.134	8
白山市	0.2375	7	0.307	8	0.120	7	0.236	6

续表

城市	创业竞争力		01 创业规模		02 创业环境		03 创业产出水平	
	得分	排序	得分	排序	得分	排序	得分	排序
松原市	0.2036	8	0.441	6	0.106	9	0.062	9
辽源市	0.1829	9	0.215	9	0.165	4	0.166	7

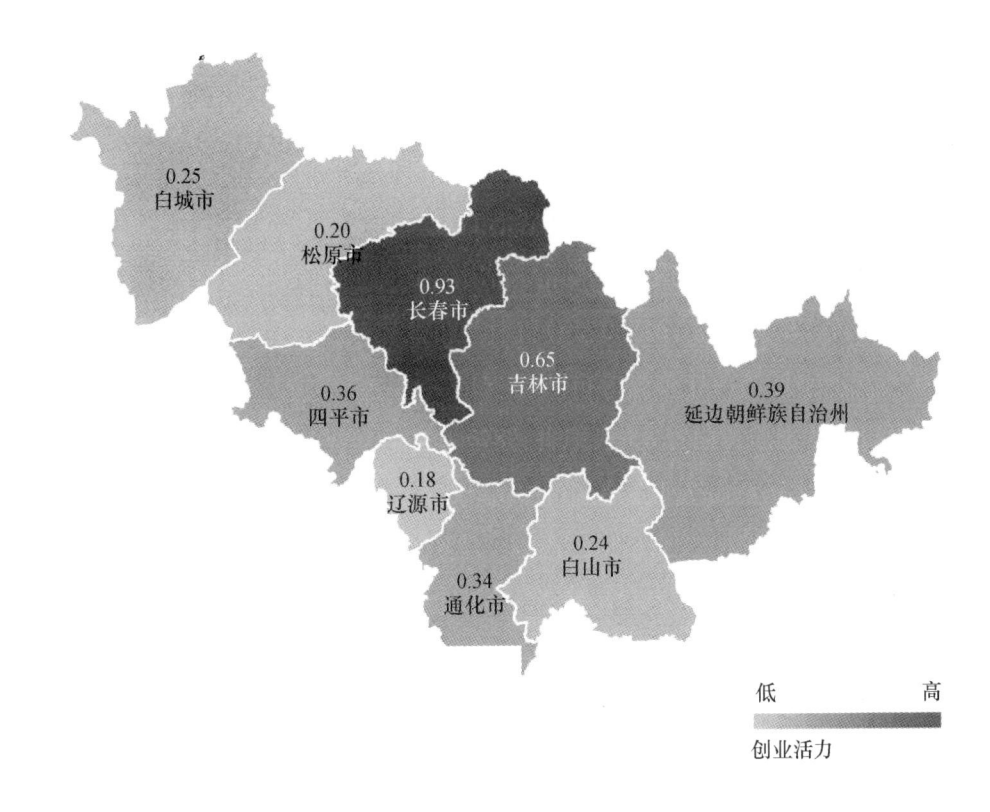

图 4-5　吉林省创业竞争力示意图

表 4-18　2016 年吉林省设区市创业规模竞争力得分及其排序

城市	01 创业规模竞争力		011 近三年创业企业数		012 近三年创业企业注册资本		013 当年创业企业数		014 当年战略新兴产业创业企业数		015 每百万人口中创业企业数		016 当年战略新兴产业创业企业占比	
	得分	排序	得分	排序	得分	排序	得分	排序	得分	排序	得分	排序	得分	排序
长春市	0.990	1	1.000	1	1.000	1	1.000	1	1.000	1	1.000	1	0.792	3

续表

城市	01 创业规模竞争力 得分	排序	011 近三年创业企业数 得分	排序	012 近三年创业企业注册资本 得分	排序	013 当年创业企业数 得分	排序	014 当年战略新兴产业创业企业数 得分	排序	015 每百万人口中创业企业数 得分	排序	016 当年战略新兴产业创业企业占比 得分	排序
吉林市	0.585	2	0.619	2	0.383	6	0.621	2	0.621	2	0.545	5	0.681	4
延边朝鲜族自治州	0.532	4	0.451	4	0.636	3	0.466	4	0.420	4	0.730	2	0.572	6
四平市	0.550	3	0.533	3	0.840	2	0.491	3	0.492	3	0.507	7	0.661	5
通化市	0.382	7	0.328	7	0.295	7	0.316	7	0.366	5	0.481	8	0.836	2
白城市	0.451	5	0.377	6	0.630	4	0.375	6	0.286	6	0.640	3	0.484	7
白山市	0.307	8	0.192	8	0.249	8	0.190	8	0.247	7	0.510	6	1.000	1
松原市	0.441	6	0.430	5	0.504	5	0.452	5	0.232	8	0.548	4	0.324	9
辽源市	0.215	9	0.163	9	0.111	9	0.149	9	0.111	9	0.417	9	0.469	8

表4-19 2016年吉林省设区市创业环境竞争力得分及其排序

城市	02 创业环境竞争力 得分	排序	021 区域平均办公租金 得分	排序	022 区域平均劳动力成本 得分	排序	023 宏观综合赋税水平 得分	排序	024 创业网站个数 得分	排序	025 区域创业新闻条数 得分	排序
长春市	0.807	2	0.343	9	0.444	9	0.362	7	1.000	1	0.777	2
吉林市	0.813	1	0.505	6	0.564	8	0.532	5	0.708	2	1.000	1
延边朝鲜族自治州	0.366	3	0.546	5	0.705	3	0.340	9	0.611	3	0.094	4
四平市	0.116	8	0.814	3	0.616	6	0.603	3	0.000	4	0.032	7
通化市	0.129	6	0.490	7	0.698	4	0.347	8	0.000	4	0.115	3
白城市	0.140	5	0.737	4	1.000	1	0.581	4	0.000	4	0.053	6
白山市	0.120	7	1.000	1	0.691	5	0.432	6	0.000	4	0.031	8
松原市	0.106	9	0.368	8	0.576	7	0.941	2	0.000	4	0.027	9
辽源市	0.165	4	0.940	2	0.727	2	1.000	1	0.000	4	0.071	5

表4-20　2016年吉林省设区市创业产出水平竞争力得分及其排序

城市	03 创业产出水平竞争力 得分	03 排序	031 近三年创业企业专利申请数 得分	031 排序	032 近三年创业企业有效发明专利数 得分	032 排序	033 近三年创业企业著作权数 得分	033 排序	034 新三板企业数 得分	034 排序	035 新三板企业市值 得分	035 排序	036 近三年战略新兴产业创业企业专利申请数 得分	036 排序	037 近三年战略新兴产业创业企业有效发明专利数 得分	037 排序	038 近三年战略新兴产业创业企业著作权数 得分	038 排序
长春市	0.930	1	1.000	1	1.000	1	1.000	1	1.000	1	0.002	3	1.000	1	0.318	4	1.000	1
吉林市	0.630	2	0.653	2	0.702	2	0.516	2	0.671	2	0.690	2	0.773	2	0.765	2	0.236	3
延边朝鲜族自治州	0.294	5	0.157	7	0.102	6	0.313	3	0.519	3	0.000	6	0.142	8	0.000	7	0.605	2
四平市	0.323	4	0.616	3	0.509	4	0.127	5	0.208	7	0.000	8	0.616	3	0.687	3	0.203	4
通化市	0.407	3	0.239	4	0.702	2	0.144	4	0.519	3	0.000	5	0.142	8	1.000	1	0.101	6
白城市	0.134	8	0.068	9	0.000	8	0.127	5	0.312	5	0.001	4	0.225	5	0.000	7	0.000	9
白山市	0.236	6	0.205	6	0.408	5	0.051	9	0.312	5	0.000	7	0.166	6	0.318	4	0.068	8
松原市	0.062	9	0.208	5	0.000	8	0.127	5	0.000	9	0.000	9	0.154	7	0.000	7	0.135	5
辽源市	0.166	7	0.105	8	0.102	6	0.118	8	0.104	8	1.000	1	0.368	4	0.318	4	0.101	6

第六节 黑龙江省

黑龙江省2016年在全国各省、直辖市和自治区中创业竞争力排序为23,得分为0.216。在19个二级指标中,黑龙江省排序比较靠前的是区域平均办公租金、区域平均劳动力成本和宏观综合赋税水平,说明该省的创业成本在全国范围内比较有竞争力。

黑龙江省内数据显示,创业综合竞争力排序第一类是哈尔滨市;第二类是大庆市、牡丹江市、齐齐哈尔市和佳木斯市。具体而言,在创业规模竞争力方面,2016年黑龙江省的整体得分是0.289,排序为26。省内表现比较突出的城市是哈尔滨市、大庆市、佳木斯市、齐齐哈尔市和牡丹江市。在创业环境竞争力方面,2016年黑龙江省的整体得分是0.255,排序为20。省内表现比较突出的城市是哈尔滨市、大庆市、伊春市、佳木斯市和大兴安岭地区。在创业产出竞争力方面,2016年黑龙江省的整体得分是0.143,排序为20。省内表现比较突出的城市是哈尔滨市、大庆市、绥化市、牡丹江市和齐齐哈尔市(见图4-6、表4-21、表4-22、表4-23、表4-24)。

表4-21 2016年黑龙江省设区市创业竞争力一级指标得分及其排序

城市	创业竞争力 得分	排序	01 创业规模 得分	排序	02 创业环境 得分	排序	03 创业产出水平 得分	排序
哈尔滨市	0.9654	1	0.980	1	0.904	1	0.981	1
大庆市	0.5139	2	0.677	2	0.358	2	0.456	2
牡丹江市	0.3416	3	0.583	5	0.192	6	0.220	4
齐齐哈尔市	0.3201	4	0.595	4	0.167	9	0.174	5
佳木斯市	0.3034	5	0.618	3	0.229	4	0.092	7
绥化市	0.2430	6	0.298	8	0.170	8	0.233	3

第四章 区域城市创业发展评价及排序

续表

城市	创业竞争力 得分	排序	01 创业规模 得分	排序	02 创业环境 得分	排序	03 创业产出水平 得分	排序
双鸭山市	0.2086	7	0.360	6	0.176	7	0.105	6
黑河市	0.1745	8	0.359	7	0.157	11	0.039	10
大兴安岭地区	0.1409	9	0.226	12	0.205	5	0.046	9
伊春市	0.1407	10	0.251	10	0.233	3	0.014	13
鸡西市	0.1391	11	0.294	9	0.149	12	0.014	12
七台河市	0.1386	12	0.218	13	0.135	13	0.079	8
鹤岗市	0.1261	13	0.238	11	0.159	10	0.024	11

图 4-6 黑龙江省创业示意图

表4-22 2016年黑龙江省设区市创业规模竞争力得分及其排序

城市	01 创业规模竞争力		011 近三年创业企业数		012 近三年创业企业注册资本		013 当年创业企业数		014 当年战略新兴产业创业企业数		015 每百万人口中创业企业数		016 当年战略新兴产业创业企业占比	
	得分	排序	得分	排序	得分	排序	得分	排序	得分	排序	得分	排序	得分	排序
哈尔滨市	0.980	1	1.000	1	1.000	1	1.000	1	1.000	1	1.000	1	0.606	4
大庆市	0.677	2	0.617	3	0.648	3	0.616	3	0.702	2	0.767	3	1.000	1
牡丹江市	0.583	5	0.589	5	0.495	5	0.597	5	0.428	5	0.712	4	0.447	12
齐齐哈尔市	0.595	4	0.644	2	0.677	2	0.626	2	0.612	3	0.447	11	0.543	6
佳木斯市	0.618	3	0.607	4	0.516	4	0.603	4	0.482	4	0.806	2	0.484	10
绥化市	0.298	8	0.193	9	0.234	8	0.393	6	0.411	6	0.226	13	0.639	3
双鸭山市	0.360	6	0.253	8	0.247	7	0.257	8	0.407	7	0.548	7	0.900	2
黑河市	0.359	7	0.306	6	0.310	6	0.310	7	0.214	8	0.580	6	0.431	13
大兴安岭地区	0.226	12	0.106	13	0.078	13	0.098	13	0.077	13	0.646	5	0.490	8
伊春市	0.251	10	0.181	10	0.165	10	0.184	10	0.144	11	0.479	8	0.485	9
鸡西市	0.294	9	0.267	7	0.185	9	0.254	9	0.196	9	0.441	12	0.482	11
七台河市	0.218	13	0.130	12	0.158	11	0.126	12	0.104	12	0.478	9	0.513	7
鹤岗市	0.238	11	0.159	11	0.145	12	0.158	11	0.145	10	0.470	10	0.563	5

表4-23 2016年黑龙江省设区市创业环境竞争力得分及其排序

城市	02 创业环境竞争力		021 区域平均办公租金		022 区域平均劳动力成本		023 宏观综合赋税水平		024 创业网站个数		025 区域创业新闻条数	
	得分	排序	得分	排序	得分	排序	得分	排序	得分	排序	得分	排序
哈尔滨市	0.904	1	0.237	13	0.487	12	0.359	13	1.000	1	1.000	1
大庆市	0.358	2	0.399	12	0.437	13	0.613	6	0.000	2	0.635	2
牡丹江市	0.192	6	0.434	10	0.593	8	0.833	3	0.000	2	0.219	5
齐齐哈尔市	0.167	9	0.418	11	0.585	9	0.582	9	0.000	2	0.195	7
佳木斯市	0.229	4	0.551	9	0.579	10	0.767	4	0.000	2	0.297	3
绥化市	0.170	8	0.617	6	0.734	4	1.000	1	0.000	2	0.117	11
双鸭山市	0.176	7	0.847	3	0.651	6	0.924	2	0.000	2	0.121	9
黑河市	0.157	11	0.597	7	0.579	11	0.728	5	0.000	2	0.137	8
大兴安岭地区	0.205	5	0.994	2	0.683	5	0.527	11	0.000	2	0.211	6
伊春市	0.233	3	0.568	8	1.000	1	0.546	10	0.000	2	0.283	4
鸡西市	0.149	12	0.656	5	0.650	7	0.599	7	0.000	2	0.119	10
七台河市	0.135	13	0.671	4	0.775	2	0.389	12	0.000	2	0.096	12
鹤岗市	0.159	10	1.000	1	0.775	3	0.585	8	0.000	2	0.090	13

表 4-24　2016年黑龙江省设区市创业产出水平竞争力得分及其排序

城市	02 创业产出水平竞争力 得分	排序	031 近三年创业企业专利申请数 得分	排序	032 近三年创业企业有效发明专利数 得分	排序	033 近三年创业企业著作权数 得分	排序	034 新三板企业数 得分	排序	035 新三板企业市值 得分	排序	036 近三年战略新兴产业创业企业专利申请数 得分	排序	037 近三年战略新兴产业创业企业有效发明专利数 得分	排序	038 近三年战略新兴产业创业企业著作权数 得分	排序
哈尔滨市	0.981	1	1.000	1	1.000	1	1.000	1	1.000	1	0.621	3	1.000	1	1.000	1	1.000	1
大庆市	0.456	2	0.323	2	0.211	2	0.586	2	0.660	2	0.002	4	0.479	2	0.360	2	0.605	2
牡丹江市	0.220	4	0.093	4	0.211	2	0.165	3	0.248	5	0.836	2	0.070	6	0.360	2	0.019	9
齐齐哈尔市	0.174	5	0.073	6	0.070	6	0.128	4	0.371	4	0.000	6	0.075	5	0.120	6	0.142	3
佳木斯市	0.092	7	0.256	3	0.000	7	0.067	6	0.124	6	0.001	5	0.246	3	0.000	7	0.066	6
绥化市	0.233	3	0.005	13	0.000	7	0.006	12	0.602	3	1.000	1	0.000	13	0.000	7	0.009	10
双鸭山市	0.105	6	0.086	5	0.141	5	0.073	5	0.124	6	0.000	9	0.121	4	0.240	5	0.028	7
黑河市	0.039	10	0.010	12	0.000	7	0.000	13	0.124	6	0.000	8	0.006	12	0.000	7	0.000	12
大兴安岭地区	0.046	9	0.026	11	0.000	7	0.024	11	0.124	6	0.000	9	0.029	10	0.000	7	0.009	10
伊春市	0.014	13	0.051	7	0.000	7	0.037	9	0.000	10	0.000	9	0.008	11	0.000	7	0.000	12
鸡西市	0.014	12	0.035	9	0.000	7	0.037	9	0.000	10	0.000	9	0.042	9	0.000	7	0.028	7
七台河市	0.079	8	0.032	10	0.211	2	0.061	7	0.000	10	0.000	9	0.049	8	0.360	2	0.076	5
鹤岗市	0.024	11	0.048	8	0.000	7	0.061	7	0.000	10	0.000	9	0.059	7	0.000	7	0.095	4

第七节 江苏省

江苏省2016年在全国各省、直辖市和自治区中创业竞争力排序为2，得分为0.806。在19个二级指标中，江苏省排序比较靠前的是近三年创业企业著作权数和新三板企业数量，说明该省的创业产出在全国范围内比较有竞争力。

江苏省内数据显示，创业综合竞争力排序第一类是苏州市和南京市；第二类是无锡市、常州市和南通市。具体而言，在创业规模竞争力方面，2016年江苏省的整体得分是0.746，排序为2。省内表现比较突出的城市是南京市、苏州市、无锡市、徐州市和盐城市。在创业环境竞争力方面，2016年江苏省的整体得分是0.678，排序为4。省内表现比较突出的城市是苏州市、南京市、常州市、无锡市和南通市。在创业产出竞争力方面，2016年江苏省的整体得分是0.909，排序为2。省内表现比较突出的城市是苏州市、无锡市、南京市、南通市和常州市（见图4-7、表4-25、表4-26、表4-27、表4-28）。

表4-25 2016年江苏省设区市创业竞争力一级指标得分及其排序

城市	创业竞争力 得分	排序	01 创业规模 得分	排序	02 创业环境 得分	排序	03 创业产出水平 得分	排序
苏州市	0.9075	1	0.827	2	0.855	1	0.993	1
南京市	0.8120	2	0.939	1	0.848	2	0.697	3
无锡市	0.6754	3	0.679	3	0.604	4	0.705	2
常州市	0.4975	4	0.454	8	0.612	3	0.481	5
南通市	0.4894	5	0.468	7	0.456	5	0.521	4
徐州市	0.3611	6	0.552	4	0.305	7	0.238	8
扬州市	0.3380	7	0.513	6	0.232	11	0.249	7
盐城市	0.3098	8	0.549	5	0.219	12	0.164	9
镇江市	0.2919	9	0.292	12	0.285	8	0.295	6

续表

城市	创业竞争力 得分	排序	01 创业规模 得分	排序	02 创业环境 得分	排序	03 创业产出水平 得分	排序
宿迁市	0.2540	10	0.350	10	0.400	6	0.114	11
泰州市	0.2439	11	0.376	9	0.277	9	0.127	10
淮安市	0.2066	12	0.321	11	0.260	10	0.094	12
连云港市	0.1633	13	0.263	13	0.214	13	0.063	13

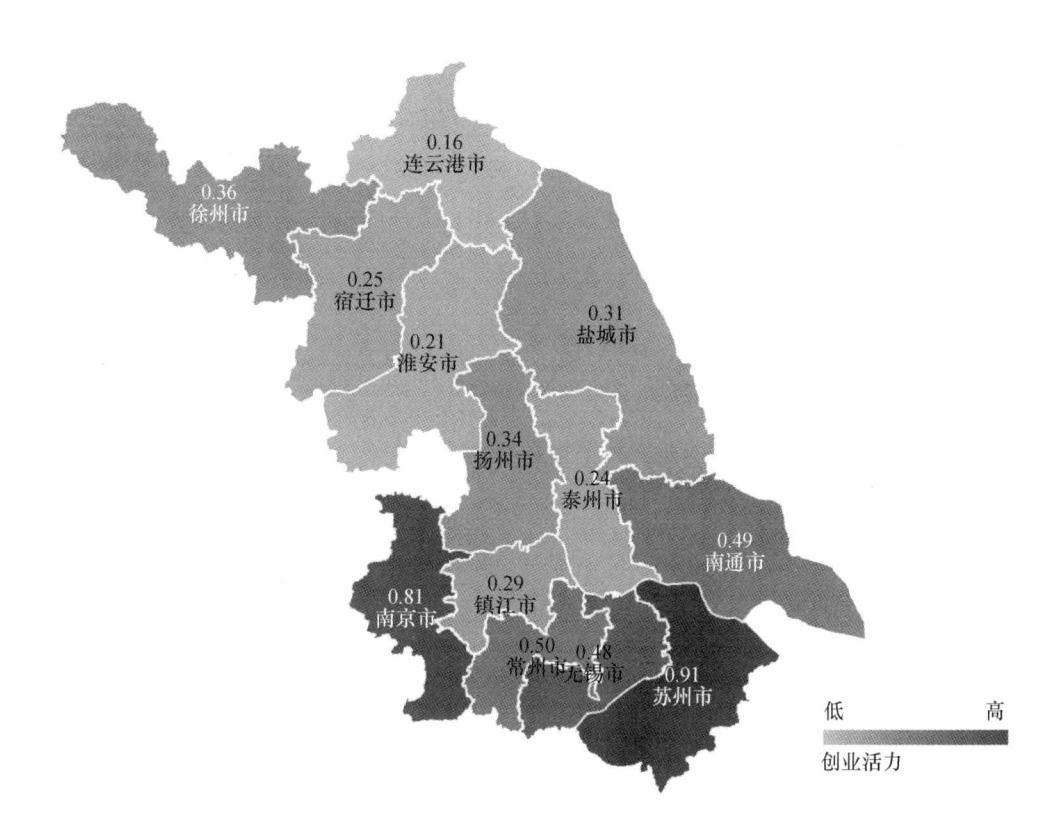

图 4-7 江苏省创业竞争力示意图

表4-26 2016年江苏省设区市创业规模竞争力得分及其排序

城市	01 创业规模竞争力 得分	排序	011 近三年来创业企业数 得分	排序	012 近三年创业企业注册资本 得分	排序	013 当年创业企业数 得分	排序	014 当年战略新兴产业创业企业数 得分	排序	015 每百万人口中创业企业数 得分	排序	016 当年战略新兴产业创业企业占比 得分	排序
苏州市	0.827	2	0.892	2	1.000	1	0.800	2	0.788	3	0.820	2	0.340	12
南京市	0.939	1	1.000	1	0.841	2	1.000	1	0.912	2	1.000	1	0.269	13
无锡市	0.679	3	0.611	3	0.591	5	0.596	3	1.000	1	0.688	3	1.000	1
常州市	0.454	8	0.417	8	0.570	6	0.379	8	0.500	6	0.472	8	0.646	5
南通市	0.468	7	0.536	6	0.621	4	0.464	6	0.499	7	0.265	10	0.534	7
徐州市	0.552	4	0.561	4	0.428	7	0.538	5	0.520	5	0.655	5	0.479	8
扬州市	0.513	6	0.442	7	0.649	3	0.413	7	0.660	4	0.532	6	0.809	3
盐城市	0.549	5	0.548	5	0.392	8	0.570	4	0.495	8	0.662	4	0.431	11
镇江市	0.292	12	0.241	13	0.307	10	0.227	13	0.442	9	0.212	12	0.911	2
宿迁市	0.350	10	0.375	9	0.224	13	0.328	9	0.294	12	0.409	9	0.445	10
泰州市	0.376	9	0.313	11	0.283	11	0.276	11	0.421	10	0.528	7	0.734	4
淮安市	0.321	11	0.316	10	0.364	9	0.309	10	0.338	11	0.259	11	0.544	6
连云港市	0.263	13	0.288	12	0.241	12	0.266	12	0.254	13	0.186	13	0.473	9

表4-27 2016年江苏省设区市创业环境竞争力得分及其排序

城市	02 创业环境竞争力 得分	排序	021 区域平均办公租金 得分	排序	022 区域平均劳动力成本 得分	排序	023 宏观综合赋税水平 得分	排序	024 创业网站个数 得分	排序	025 区域创业新闻条数 得分	排序
苏州市	0.855	1	0.474	11	0.503	11	0.725	6	1.000	1	0.822	2
南京市	0.848	2	0.351	13	0.463	13	0.471	12	0.835	2	1.000	1
无锡市	0.612	3	0.562	8	0.522	10	0.556	10	0.645	3	0.605	4
常州市	0.604	4	0.517	10	0.490	12	0.597	8	0.610	4	0.621	3
南通市	0.456	5	0.446	12	0.554	9	0.441	13	0.328	5	0.562	5
徐州市	0.400	6	1.000	1	1.000	1	0.542	11	0.131	9	0.489	6
扬州市	0.305	7	0.529	9	0.960	3	1.000	1	0.262	6	0.167	9
盐城市	0.285	8	0.605	7	0.588	7	0.560	9	0.066	12	0.381	7
镇江市	0.277	9	0.654	5	0.773	6	0.987	2	0.262	6	0.114	12
宿迁市	0.260	10	0.691	3	0.909	4	0.616	7	0.197	8	0.156	10
泰州市	0.232	11	0.629	6	0.579	8	0.762	4	0.131	9	0.181	8
淮安市	0.219	12	0.688	4	0.970	2	0.890	3	0.066	12	0.146	11
连云港市	0.214	13	0.794	2	0.872	5	0.734	5	0.131	9	0.092	13

第四章 区域城市创业发展评价及排序

表4-28　2016年江苏省设区市创业产出水平竞争力得分及其排序

城市	O3 创业产出水平竞争力 得分	O3 创业产出水平竞争力 排序	O31 近三年创业专利申请数 得分	O31 近三年创业专利申请数 排序	O32 近三年创业企业有效发明专利数 得分	O32 近三年创业企业有效发明专利数 排序	O33 近三年创业企业著作权数 得分	O33 近三年创业企业著作权数 排序	O34 新三板企业数 得分	O34 新三板企业数 排序	O35 新三板企业市值 得分	O35 新三板企业市值 排序	O36 近三年战略新兴产业创业企业专利申请数 得分	O36 近三年战略新兴产业创业企业专利申请数 排序	O37 近三年战略新兴产业创业企业有效发明专利数 得分	O37 近三年战略新兴产业创业企业有效发明专利数 排序	O38 近三年战略新兴产业创业企业著作权数 得分	O38 近三年战略新兴产业创业企业著作权数 排序
苏州市	0.993	1	1.000	1	1.000	1	1.000	1	1.000	1	1.000	1	0.967	2	0.811	2	1.000	1
南京市	0.697	3	0.637	3	0.635	3	0.713	2	0.713	3	0.706	2	0.701	3	0.704	3	0.946	3
无锡市	0.705	2	0.639	2	0.667	2	0.608	4	0.726	2	0.667	3	1.000	1	1.000	1	0.970	2
常州市	0.481	5	0.596	4	0.564	5	0.224	6	0.615	4	0.535	8	0.534	4	0.250	6	0.110	10
南通市	0.521	4	0.458	5	0.613	4	0.630	3	0.450	5	0.602	5	0.394	7	0.597	5	0.200	5
徐州市	0.238	8	0.271	7	0.149	8	0.523	5	0.137	11	0.000	11	0.402	6	0.208	8	0.165	7
扬州市	0.249	7	0.162	10	0.100	10	0.119	7	0.401	6	0.575	7	0.294	8	0.222	7	0.373	4
盐城市	0.164	9	0.200	8	0.197	7	0.068	10	0.206	8	0.094	10	0.200	10	0.208	8	0.085	11
镇江市	0.295	6	0.318	6	0.321	6	0.102	8	0.313	7	0.643	4	0.428	5	0.625	4	0.156	8
宿迁市	0.114	11	0.144	11	0.061	12	0.056	11	0.088	13	0.582	6	0.142	12	0.111	11	0.188	6
泰州市	0.127	10	0.182	9	0.133	9	0.050	12	0.157	9	0.000	12	0.239	9	0.180	10	0.119	9
淮安市	0.094	12	0.107	12	0.067	11	0.071	9	0.147	10	0.000	13	0.145	11	0.083	12	0.032	12
连云港市	0.063	13	0.041	13	0.058	13	0.019	13	0.117	12	0.096	9	0.028	13	0.000	13	0.019	13

第八节 浙江省

浙江省2016年在全国各省、自治区和直辖市中创业竞争力排序为5，得分为0.723。在19个二级指标中，浙江省排序比较靠前的是近三年战略新兴产业创业企业专利申请数、近三年战略新兴产业创业企业有效发明专利数、近三年创业企业专利申请数和近三年创业企业有效发明专利数，其中，近三年战略新兴产业创业企业专利申请数和近三年战略新兴产业创业企业有效发明专利数排全国第一，说明该省的创业产出水平在全国范围内比较有竞争力。

浙江省内数据显示，创业综合竞争力排序第一类是杭州市和宁波市；第二类是温州市、金华市、绍兴市。具体而言，在创业规模竞争力方面，2016年浙江省的整体得分是0.681，排序为6。省内表现比较突出的城市是杭州市、宁波市、温州市、金华市和台州市。在创业环境竞争力方面，2016年浙江省的整体得分是0.639，排序为6。省内表现比较突出的城市是杭州市、宁波市、温州市、金华市和嘉兴市。在创业产出竞争力方面，2016年浙江省的整体得分是0.794，排序为5。省内表现比较突出的城市是杭州市、宁波市、绍兴市、温州市和嘉兴市（见图4-8、表4-29、表4-30、表4-31、表4-32）。

表4-29 2016年浙江省设区市创业竞争力一级指标得分及其排序

城市	创业竞争力		01 创业规模		02 创业环境		03 创业产出水平	
	得分	排序	得分	排序	得分	排序	得分	排序
杭州市	0.9203	1	0.985	1	0.912	1	0.908	1
宁波市	0.7685	2	0.776	2	0.691	2	0.812	2
温州市	0.5703	3	0.668	3	0.572	3	0.425	4
金华市	0.4766	4	0.612	4	0.339	4	0.301	7

续表

城市	创业竞争力 得分	排序	01 创业规模 得分	排序	02 创业环境 得分	排序	03 创业产出水平 得分	排序
绍兴市	0.4624	5	0.478	7	0.236	7	0.428	3
嘉兴市	0.4523	6	0.506	6	0.281	5	0.369	5
台州市	0.4287	7	0.515	5	0.232	8	0.294	8
湖州市	0.3980	8	0.367	8	0.281	6	0.358	6
衢州市	0.2333	9	0.206	10	0.147	11	0.202	9
丽水市	0.1850	10	0.185	11	0.186	9	0.133	10
舟山市	0.1774	11	0.230	9	0.157	10	0.050	11

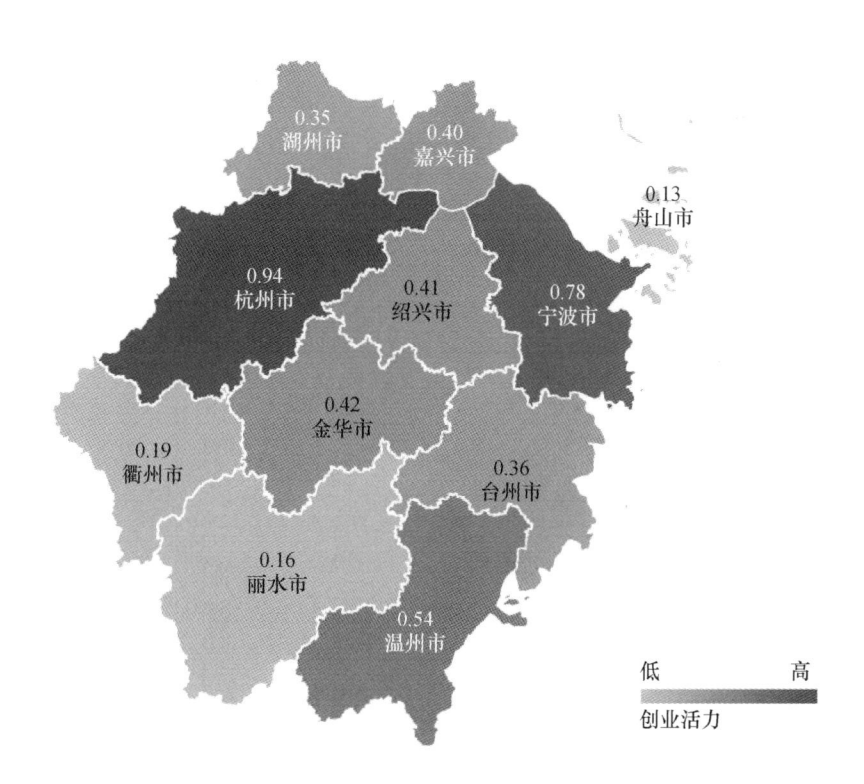

图 4-8 浙江省创业竞争力示意图

表4-30 2016年浙江省设区市创业规模竞争力得分及其排序

城市	01 创业规模竞争力		011 近三年创业企业数		012 近三年创业企业注册资本		013 当年创业企业数		014 当年战略新兴产业创业企业数		015 每百万人口中创业企业数		016 当年战略新兴产业创业企业占比	
	得分	排序	得分	排序	得分	排序	得分	排序	得分	排序	得分	排序	得分	排序
杭州市	0.985	1	1.000	1	1.000	1	1.000	1	1.000	1	1.000	1	0.695	5
宁波市	0.776	2	0.800	2	0.757	2	0.786	2	0.806	2	0.736	2	0.725	3
温州市	0.668	3	0.701	3	0.531	4	0.664	3	0.774	3	0.556	6	1.000	1
金华市	0.612	4	0.659	4	0.416	5	0.661	4	0.543	5	0.652	4	0.453	9
绍兴市	0.478	7	0.529	7	0.409	6	0.467	7	0.393	6	0.475	8	0.544	6
嘉兴市	0.506	6	0.463	6	0.606	3	0.467	6	0.320	7	0.676	3	0.444	10
台州市	0.515	5	0.562	5	0.322	9	0.530	5	0.559	4	0.454	9	0.697	4
湖州市	0.367	8	0.304	8	0.334	8	0.304	8	0.245	8	0.578	5	0.522	7
衢州市	0.206	10	0.155	10	0.145	10	0.146	10	0.171	9	0.261	10	0.789	2
丽水市	0.185	11	0.170	9	0.115	11	0.151	9	0.115	10	0.244	11	0.492	8
舟山市	0.230	9	0.113	11	0.341	7	0.118	11	0.070	11	0.530	7	0.382	11

表4-31 2016年浙江省设区市创业环境竞争力得分及其排序

城市	02 创业环境竞争力		021 区域平均办公租金		022 区域平均劳动力成本		023 宏观综合赋税水平		024 创业网站个数		025 区域创业新闻条数	
	得分	排序	得分	排序	得分	排序	得分	排序	得分	排序	得分	排序
杭州市	0.912	1	0.292	11	0.514	11	0.425	10	1.000	1	1.000	1
宁波市	0.691	2	0.453	10	0.541	8	0.366	11	0.730	2	0.735	2
温州市	0.572	3	0.458	9	0.704	5	0.717	5	0.440	3	0.671	3
金华市	0.339	4	0.719	5	0.859	3	0.661	7	0.440	3	0.114	5
绍兴市	0.236	7	0.896	2	0.947	2	0.866	2	0.176	7	0.067	7
嘉兴市	0.281	5	0.656	7	0.594	6	0.522	9	0.264	6	0.193	4
台州市	0.232	8	0.783	4	1.000	1	0.661	7	0.176	7	0.087	6
湖州市	0.281	6	0.867	3	0.854	4	0.605	8	0.352	5	0.052	8
衢州市	0.147	11	1.000	1	0.562	7	1.000	1	0.000	11	0.042	11
丽水市	0.186	9	0.496	8	0.519	10	0.831	3	0.176	7	0.051	9
舟山市	0.157	10	0.718	6	0.538	9	0.726	4	0.088	10	0.051	10

第四章 区域城市创业发展评价及排序

表4-32 2016年浙江省设区市创业产出水平竞争力得分及其排序

城市	O3 创业产出水平竞争力		O31 近三年创业专利申请数		O32 近三年创业企业有效发明专利数		O33 近三年创业企业著作权数		O34 新三板企业数		O35 新三板企业市值		O36 近三年战略新兴产业创业企业专利申请数		O37 近三年战略新兴产业创业企业有效发明专利数		O38 近三年战略新兴产业创业企业著作权数	
	得分	排序	得分	排序	得分	排序	得分	排序	得分	排序	得分	排序	得分	排序	得分	排序	得分	排序
杭州市	0.908	1	0.918	2	0.710	2	1.000	1	1.000	1	1.000	1	0.738	2	0.665	2	1.000	1
宁波市	0.812	2	1.000	1	1.000	1	0.668	2	0.677	2	0.752	2	1.000	1	1.000	1	0.747	2
温州市	0.425	4	0.613	3	0.528	4	0.162	5	0.466	4	0.351	6	0.662	3	0.586	5	0.151	5
金华市	0.301	7	0.319	8	0.296	6	0.369	3	0.251	8	0.368	5	0.280	9	0.193	9	0.324	3
绍兴市	0.428	3	0.610	4	0.650	3	0.127	7	0.442	7	0.200	8	0.602	4	0.609	3	0.142	7
嘉兴市	0.369	5	0.582	5	0.275	9	0.199	4	0.466	4	0.448	4	0.591	5	0.335	6	0.186	4
台州市	0.294	8	0.335	7	0.302	5	0.068	8	0.466	4	0.154	9	0.408	7	0.309	7	0.084	8
湖州市	0.358	6	0.531	6	0.293	7	0.132	6	0.478	3	0.670	3	0.423	6	0.212	8	0.144	6
衢州市	0.202	9	0.232	9	0.293	7	0.025	10	0.239	9	0.012	10	0.406	8	0.602	4	0.033	10
丽水市	0.133	10	0.123	10	0.133	10	0.063	9	0.191	10	0.206	7	0.064	10	0.090	11	0.082	9
舟山市	0.050	11	0.046	11	0.127	11	0.006	11	0.036	11	0.000	11	0.045	11	0.109	10	0.009	11

· 83 ·

第九节 安徽省

安徽省2016年在全国各省、直辖市和自治区中创业竞争力排序为9,得分为0.551。在19个二级指标中,安徽省排序比较靠前的是近三年创业企业专利申请数、近三年战略新兴产业创业企业专利申请数和近三年战略新兴产业创业企业有效发明专利数,说明该省的创业产出水平在全国范围内比较有竞争力。

安徽省内数据显示,创业综合竞争力排序第一类是合肥市;第二类是芜湖市和马鞍山市;第三类是安庆市和阜阳市。具体而言,在创业规模竞争力方面,2016年安徽省的整体得分是0.557,排序为11。省内表现比较突出的城市是合肥市、芜湖市、亳州市、安庆市和阜阳市。在创业环境竞争力方面,2016年安徽省的整体得分是0.526,排序为12。省内表现比较突出的城市是合肥市、芜湖市、阜阳市、蚌埠市和安庆市。在创业产出竞争力方面,2016年安徽省的整体得分是0.558,排序为8。省内表现比较突出的城市是合肥市、芜湖市、马鞍山市、蚌埠市和安庆市(见图4-9、表4-33、表4-34、表4-35、表4-36)。

表4-33 2016年安徽省设区市创业竞争力一级指标得分及其排序

城市	创业竞争力 得分	排序	01 创业规模 得分	排序	02 创业环境 得分	排序	03 创业产出水平 得分	排序
合肥市	0.9527	1	0.975	1	0.919	1	0.950	1
芜湖市	0.6900	2	0.614	2	0.619	2	0.781	2
马鞍山市	0.5079	3	0.507	9	0.217	13	0.638	3
安庆市	0.4720	4	0.594	4	0.351	5	0.430	5
阜阳市	0.4557	5	0.589	5	0.562	3	0.305	8
蚌埠市	0.4537	6	0.461	10	0.472	4	0.439	4
滁州市	0.3675	7	0.512	8	0.248	11	0.308	7

续表

城市	创业竞争力 得分	排序	01 创业规模 得分	排序	02 创业环境 得分	排序	03 创业产出水平 得分	排序
宣城市	0.3513	8	0.388	11	0.135	16	0.419	6
亳州市	0.3412	9	0.612	3	0.302	7	0.148	14
六安市	0.3368	10	0.559	6	0.318	6	0.172	11
宿州市	0.2954	11	0.547	7	0.293	8	0.101	16
淮南市	0.2743	12	0.372	12	0.216	14	0.224	9
铜陵市	0.2463	13	0.266	16	0.271	9	0.220	10
黄山市	0.2348	14	0.317	13	0.260	10	0.160	12
池州市	0.2051	15	0.287	15	0.170	15	0.157	13
淮北市	0.1951	16	0.291	14	0.227	12	0.107	15

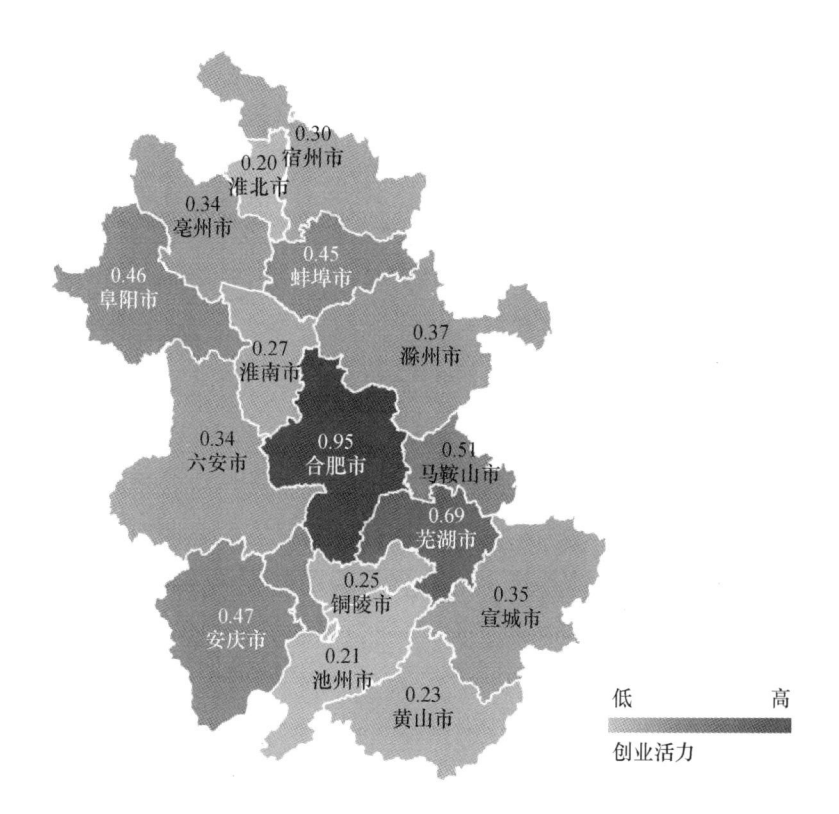

图 4-9 安徽省创业竞争力示意图

表4-34 2016年安徽省设区市创业规模竞争力得分及其排序

城市	01 创业规模竞争力		011 近三年创业企业数		012 近三年创业企业注册资本		013 当年创业企业数		014 当年战略新兴产业创业企业数		015 每百万人口中创业企业数		016 当年战略新兴产业创业企业占比	
	得分	排序	得分	排序	得分	排序	得分	排序	得分	排序	得分	排序	得分	排序
合肥市	0.975	1	1.000	1	1.000	1	1.000	1	1.000	1	1.000	1	0.503	13
芜湖市	0.614	2	0.602	6	0.633	2	0.601	6	0.611	5	0.642	3	0.620	8
马鞍山市	0.507	9	0.426	9	0.391	10	0.394	10	0.603	6	0.657	2	1.000	1
安庆市	0.594	4	0.609	4	0.540	4	0.604	5	0.616	4	0.568	6	0.630	7
阜阳市	0.589	5	0.633	2	0.622	3	0.639	2	0.634	3	0.433	16	0.532	12
蚌埠市	0.461	10	0.420	10	0.519	5	0.402	9	0.465	10	0.511	9	0.683	4
滁州市	0.512	8	0.513	8	0.512	6	0.475	8	0.549	7	0.495	11	0.682	5
宣城市	0.388	11	0.364	12	0.285	12	0.334	12	0.317	11	0.539	7	0.542	11
亳州市	0.612	3	0.613	3	0.475	9	0.627	3	0.663	2	0.611	5	0.714	3
六安市	0.559	6	0.581	7	0.486	7	0.575	7	0.602	7	0.508	10	0.609	9
宿州市	0.547	7	0.609	5	0.476	8	0.607	4	0.468	9	0.485	12	0.416	16
淮南市	0.372	12	0.378	11	0.293	11	0.365	11	0.276	12	0.445	14	0.432	14
铜陵市	0.266	16	0.169	16	0.190	16	0.166	16	0.236	13	0.436	15	0.891	2
黄山市	0.317	13	0.215	14	0.269	14	0.208	14	0.212	14	0.615	4	0.579	10
池州市	0.287	15	0.206	15	0.253	15	0.179	15	0.195	15	0.521	8	0.631	6
淮北市	0.291	14	0.249	13	0.284	13	0.235	13	0.174	16	0.452	13	0.422	15

表4-35 2016年安徽省设区市创业环境竞争力得分及其排序

城市	02 创业环境竞争力		021 区域平均办公租金		022 区域平均劳动力成本		023 宏观综合赋税水平		024 创业网站个数		025 区域创业新闻条数	
	得分	排序	得分	排序	得分	排序	得分	排序	得分	排序	得分	排序
合肥市	0.919	1	0.319	16	1.117	1	0.062	16	1.117	1	1.000	1
芜湖市	0.619	2	0.437	15	1.058	2	0.124	15	1.058	2	0.601	2
马鞍山市	0.217	13	0.560	11	0.825	6	0.371	11	0.825	6	0.295	5
安庆市	0.351	5	0.509	13	0.942	4	0.248	13	0.942	4	0.178	12
阜阳市	0.562	3	0.491	14	1.000	3	0.186	14	1.000	3	0.495	3
蚌埠市	0.472	4	0.644	7	0.587	10	0.620	7	0.587	10	0.243	7
滁州市	0.248	11	0.638	8	0.649	9	0.557	8	0.649	9	0.184	11
宣城市	0.135	16	0.584	9	0.708	8	0.495	9	0.708	8	0.128	16
亳州市	0.302	7	0.725	4	0.335	13	0.810	4	0.335	13	0.231	8
六安市	0.318	6	0.527	12	0.883	5	0.310	12	0.883	5	0.160	15
宿州市	0.293	8	0.754	2	0.168	15	0.937	2	0.168	15	0.167	14
淮南市	0.216	14	0.699	5	0.419	11	0.683	5	0.419	11	0.260	6
铜陵市	0.271	9	0.699	5	0.419	11	0.683	5	0.419	11	0.357	4
黄山市	0.260	10	0.569	10	0.766	7	0.433	10	0.766	7	0.224	10
池州市	0.170	15	0.738	3	0.252	14	0.873	3	0.252	14	0.169	13
淮北市	0.227	12	1.000	1	0.084	16	1.000	1	0.084	16	0.231	9

第四章 区域城市创业发展评价及排序

表4-36 2016年安徽省设区市创业产出水平竞争力得分及其排序

城市	O3 创业产出水平竞争力 得分	排序	O31 近三年创业企业专利申请数 得分	排序	O32 近三年创业企业有效发明专利数 得分	排序	O33 近三年创业企业著作权数 得分	排序	O34 新三板企业数 得分	排序	O35 新三板企业市值 得分	排序	O36 近三年战略新兴产业创业企业专利申请数 得分	排序	O37 近三年战略新兴产业创业企业有效发明专利数 得分	排序	O38 近三年战略新兴产业创业企业著作权数 得分	排序
合肥市	0.950	1	1.000	1	1.000	1	1.000	1	1.000	1	0.008	4	1.000	1	1.000	1	1.000	1
芜湖市	0.781	2	0.774	2	0.853	2	0.613	3	0.859	2	0.785	2	0.826	2	0.813	3	0.627	2
马鞍山市	0.638	3	0.664	3	0.764	3	0.616	2	0.620	4	0.002	6	0.767	3	0.874	2	0.621	3
安庆市	0.430	5	0.617	4	0.190	11	0.495	4	0.567	6	0.002	9	0.611	4	0.136	13	0.457	4
阜阳市	0.305	8	0.520	7	0.433	6	0.143	6	0.284	9	0.002	8	0.603	5	0.248	11	0.157	6
蚌埠市	0.439	4	0.538	6	0.638	4	0.090	10	0.629	3	0.002	5	0.520	7	0.339	7	0.039	13
滁州市	0.308	7	0.613	5	0.254	10	0.105	7	0.426	7	0.002	7	0.601	6	0.294	9	0.063	12
宣城市	0.419	6	0.485	8	0.381	7	0.065	13	0.612	5	1.000	1	0.410	9	0.542	5	0.039	13
亳州市	0.148	14	0.107	15	0.042	15	0.035	16	0.284	9	0.604	3	0.063	16	0.023	15	0.018	16
六安市	0.172	11	0.323	10	0.275	9	0.094	8	0.095	15	0.001	10	0.320	11	0.361	6	0.104	8
宿州市	0.101	16	0.109	14	0.021	16	0.094	8	0.189	11	0.000	14	0.125	15	0.023	15	0.073	11
淮南市	0.224	9	0.172	12	0.518	5	0.086	11	0.142	13	0.000	13	0.182	12	0.607	4	0.123	7
铜陵市	0.220	10	0.334	9	0.180	12	0.065	13	0.331	8	0.001	12	0.443	8	0.339	7	0.084	10
黄山市	0.160	12	0.113	13	0.285	8	0.060	15	0.189	11	0.001	11	0.157	13	0.294	9	0.024	15
池州市	0.157	13	0.307	11	0.148	13	0.160	5	0.095	15	0.000	16	0.369	10	0.090	14	0.264	5
淮北市	0.107	15	0.098	16	0.106	14	0.066	12	0.142	13	0.000	15	0.156	14	0.203	12	0.099	9

· 87 ·

第十节 福建省

福建省 2016 年在全国各省、直辖市和自治区中创业竞争力排序为 7，得分为 0.563。在 19 个二级指标中，福建省排序比较靠前的是当年战略新兴产业创业企业占比和每百万人口中创业企业数量，说明该省的创业规模在全国范围内比较有竞争力。

福建省内数据显示，创业综合竞争力排序第一类是厦门市；第二类是福州市和泉州市；第三类是漳州市和莆田市。具体而言，在创业规模竞争力方面，2016 年福建省的整体得分是 0.608，排序为 7。省内表现比较突出的城市是厦门市、福州市、泉州市、漳州市和宁德市。在创业环境竞争力方面，2016 年福建省的整体得分是 0.561，排序为 9。省内表现比较突出的城市是厦门市、福州市、泉州市、漳州市和宁德市。在创业产出竞争力方面，2016 年福建省的整体得分是 0.529，排序为 9。省内表现比较突出的城市是厦门市、福州市、泉州市、漳州市和莆田市（见图 4-10、表 4-37、表 4-38、表 4-39、表 4-40）。

表 4-37 2016 年福建省设区市创业竞争力一级指标得分及其排序

城市	创业竞争力		01 创业规模		02 创业环境		03 创业产出水平	
	得分	排序	得分	排序	得分	排序	得分	排序
厦门市	0.9162	1	0.973	1	0.903	1	0.878	1
福州市	0.7857	2	0.839	2	0.703	2	0.781	2
泉州市	0.6319	3	0.725	3	0.398	3	0.664	3
漳州市	0.3137	4	0.371	4	0.274	4	0.287	4
莆田市	0.2538	5	0.326	6	0.231	6	0.208	5

续表

城市	创业竞争力 得分	排序	01 创业规模 得分	排序	02 创业环境 得分	排序	03 创业产出水平 得分	排序
宁德市	0.1996	6	0.327	5	0.247	5	0.079	9
三明市	0.1918	7	0.280	8	0.200	7	0.119	7
南平市	0.1849	8	0.288	7	0.141	8	0.124	6
龙岩市	0.1643	9	0.255	9	0.131	9	0.108	8

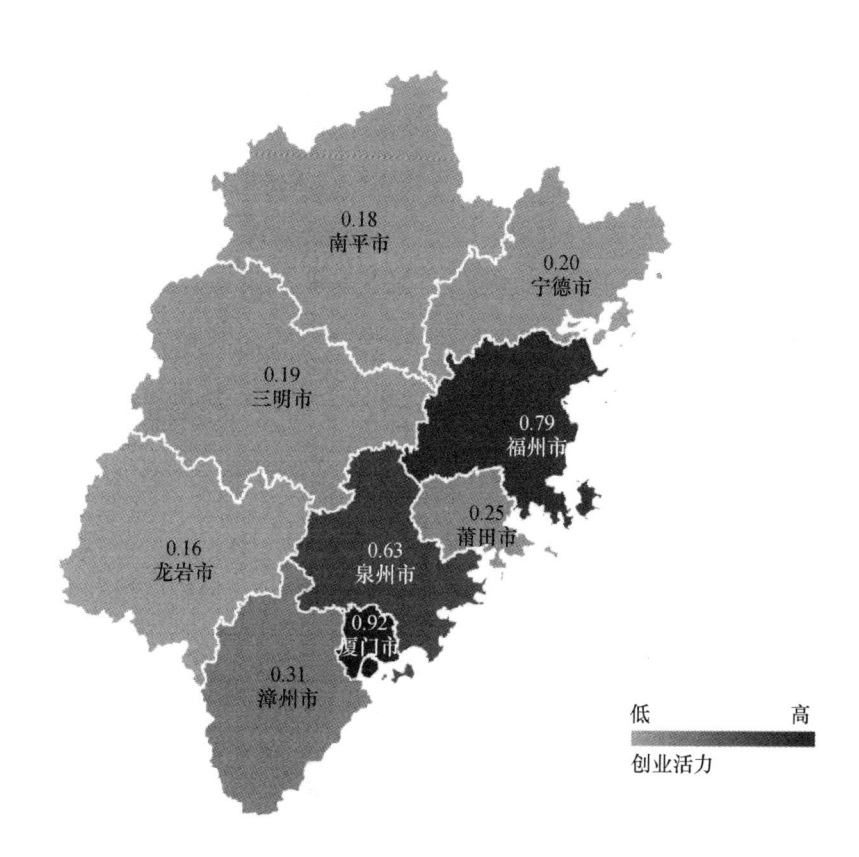

图 4-10 福建省创业竞争力示意图

表4-38 2016年福建省设区市创业规模竞争力得分及其排序

城市	01 创业规模竞争力		011 近三年创业企业数		012 近三年创业企业注册资本		013 当年创业企业数		014 当年战略新兴产业创业企业数		015 每百万人口中创业企业数		016 当年战略新兴产业创业企业占比	
	得分	排序	得分	排序	得分	排序	得分	排序	得分	排序	得分	排序	得分	排序
厦门市	0.973	1	1.000	1	0.733	2	1.000	1	1.000	1	1.000	1	1.000	1
福州市	0.839	2	0.906	2	1.000	1	0.912	2	0.778	2	0.657	2	0.594	5
泉州市	0.725	3	0.842	3	0.524	3	0.840	3	0.680	3	0.585	3	0.494	8
漳州市	0.371	4	0.396	4	0.265	6	0.370	4	0.358	4	0.334	9	0.621	4
莆田市	0.326	6	0.301	5	0.160	8	0.310	5	0.221	6	0.488	4	0.450	9
宁德市	0.327	5	0.298	6	0.297	5	0.264	6	0.263	5	0.415	6	0.651	3
三明市	0.280	8	0.217	8	0.447	4	0.202	9	0.187	9	0.360	7	0.585	6
南平市	0.288	7	0.254	7	0.165	7	0.248	7	0.215	7	0.423	5	0.548	7
龙岩市	0.255	9	0.216	9	0.124	9	0.206	8	0.212	8	0.318	8	0.686	2

表4-39 2016年福建省设区市创业环境竞争力得分及其排序

城市	02 创业环境竞争力		021 区域平均办公租金		022 区域平均劳动力成本		023 宏观综合赋税水平		024 创业网站个数		025 区域创业新闻条数	
	得分	排序	得分	排序	得分	排序	得分	排序	得分	排序	得分	排序
厦门市	0.903	1	0.312	8	0.531	9	0.220	9	1.000	1	1.000	1
福州市	0.703	2	0.283	9	0.547	8	0.376	7	0.694	2	0.810	2
泉州市	0.398	3	0.601	4	0.846	2	0.381	6	0.331	3	0.388	3
漳州市	0.274	4	0.527	7	0.657	5	0.700	4	0.220	4	0.203	5
莆田市	0.231	6	0.595	5	1.000	1	0.551	5	0.220	4	0.078	8
宁德市	0.247	5	0.847	2	0.625	6	0.751	3	0.110	6	0.204	4
三明市	0.200	7	0.800	3	0.591	7	1.000	1	0.110	6	0.081	7
南平市	0.141	8	1.000	1	0.755	3	0.810	2	0.000	8	0.029	9
龙岩市	0.131	9	0.562	6	0.724	4	0.342	8	0.000	8	0.111	6

第四章 区域城市创业发展评价及排序

表4-40 2016年福建省设区市创业产出水平竞争力得分及其排序

城市	03 创业产出水平竞争力 得分	排序	031 近三年创业企业专利申请数 得分	排序	032 近三年创业企业有效发明专利数 得分	排序	033 近三年创业企业著作权数 得分	排序	034 新三板企业数 得分	排序	035 新三板企业市值 得分	排序	036 近三年战略新兴产业创业企业专利申请数 得分	排序	037 近三年战略新兴产业创业企业有效发明专利数 得分	排序	038 近三年战略新兴产业创业企业著作权数 得分	排序
厦门市	0.878	1	0.894	2	0.706	2	1.000	1	1.000	1	0.293	2	1.000	1	0.673	3	1.000	1
福州市	0.781	2	0.671	3	0.672	3	0.752	2	0.913	2	1.000	1	0.698	3	0.708	2	0.727	2
泉州市	0.664	3	1.000	1	1.000	1	0.428	3	0.543	3	0.001	4	0.870	2	1.000	1	0.380	3
漳州市	0.287	4	0.326	4	0.500	4	0.078	5	0.314	4	0.002	3	0.262	4	0.553	5	0.064	4
莆田市	0.208	5	0.257	5	0.404	5	0.315	4	0.000	9	0.000	9	0.227	5	0.592	4	0.015	8
宁德市	0.079	9	0.097	9	0.085	9	0.032	8	0.114	7	0.000	6	0.111	9	0.114	8	0.031	6
三明市	0.119	7	0.226	6	0.138	7	0.029	9	0.143	6	0.000	7	0.189	6	0.210	6	0.023	7
南平市	0.124	6	0.138	8	0.128	8	0.041	7	0.200	5	0.001	5	0.176	7	0.172	7	0.015	8
龙岩市	0.108	8	0.221	7	0.170	6	0.044	6	0.086	8	0.000	8	0.169	8	0.057	9	0.057	5

第十一节 江西省

江西省2016年在全国各省、直辖市和自治区中创业竞争力排序为19，得分为0.258。在19个二级指标中，江西省排序比较靠前的是区域平均劳动力成本，说明该省在创业成本上具有竞争力。

江西省内数据显示，创业综合竞争力排序第一类是南昌市；第二类是赣州市、上饶市和宜春市。具体而言，在创业规模竞争力方面，2016年江西省的整体得分是0.408，排序为17。省内表现比较突出的城市是南昌市、赣州市、九江市、上饶市和宜春市。在创业环境竞争力方面，2016年江西省的整体得分是0.198，排序为25。省内表现比较突出的城市是南昌市、赣州市、景德镇市、上饶市和宜春市。在创业产出竞争力方面，2016年江西省的整体得分是0.167，排序为18。省内表现比较突出的城市是南昌市、赣州市、上饶市、宜春市和抚州市（见图4-11、表4-41、表4-42、表4-43、表4-44）。

表4-41 2016年江西省设区市创业竞争力一级指标得分及其排序

城市	创业竞争力 得分	排序	01 创业规模 得分	排序	02 创业环境 得分	排序	03 创业产出水平 得分	排序
南昌市	0.9236	1	0.991	1	0.915	1	0.958	1
赣州市	0.6515	2	0.715	2	0.672	2	0.617	2
上饶市	0.5968	3	0.657	4	0.646	4	0.489	3
宜春市	0.5413	4	0.606	5	0.384	5	0.478	4
九江市	0.5013	5	0.661	3	0.310	6	0.336	7
吉安市	0.4050	6	0.520	6	0.263	8	0.241	8
抚州市	0.3619	7	0.392	8	0.186	10	0.349	5

续表

城市	创业竞争力		01 创业规模		02 创业环境		03 创业产出水平	
	得分	排序	得分	排序	得分	排序	得分	排序
萍乡市	0.3592	8	0.350	10	0.189	9	0.338	6
新余市	0.3517	9	0.451	7	0.307	7	0.146	9
景德镇市	0.2940	10	0.248	11	0.669	3	0.101	11
鹰潭市	0.2560	11	0.390	9	0.174	11	0.126	10

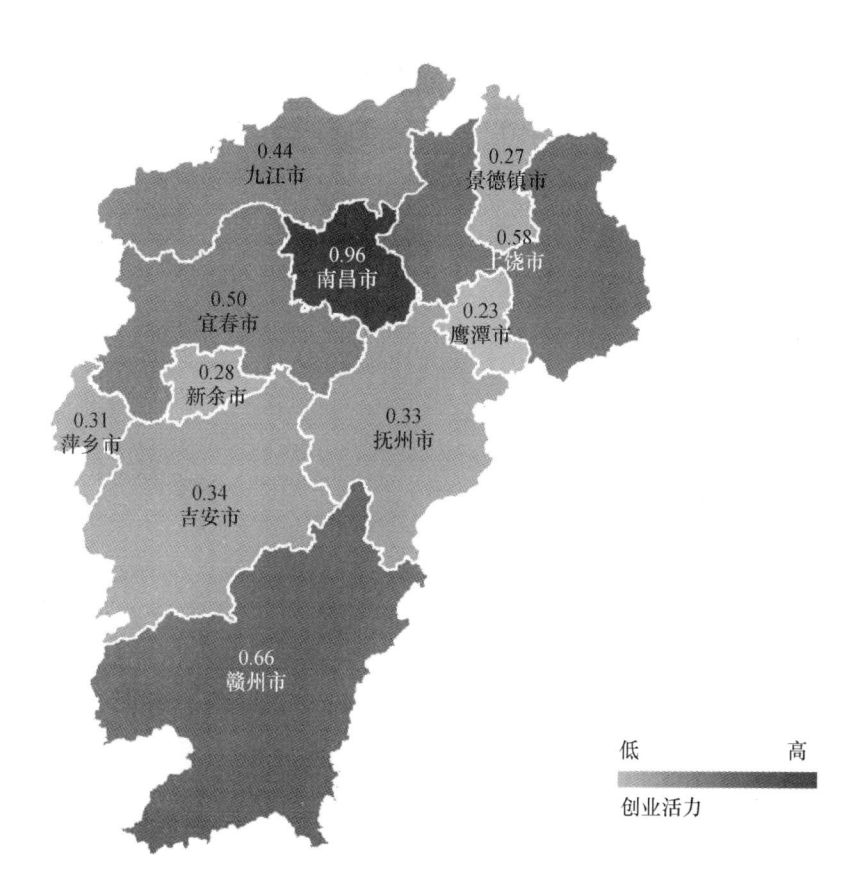

图 4-11 江西省创业竞争力示意图

表4-42　2016年江西省设区市创业规模竞争力得分及其排序

城市	01 创业规模竞争力 得分	排序	011 近三年创业企业数 得分	排序	012 近三年创业企业注册资本 得分	排序	013 当年创业企业数 得分	排序	014 当年战略新兴产业创业企业数 得分	排序	015 每百万人口中创业企业数 得分	排序	016 当年战略新兴产业创业企业占比 得分	排序
南昌市	0.991	1	1.000	1	1.000	1	1.000	1	1.000	1	1.000	1	0.815	3
赣州市	0.715	2	0.802	2	0.802	2	0.815	2	0.773	2	0.465	8	0.604	6
上饶市	0.657	4	0.706	3	0.706	3	0.706	3	0.720	3	0.467	7	0.790	4
宜春市	0.606	5	0.664	5	0.664	5	0.655	5	0.618	4	0.498	6	0.556	8
九江市	0.661	3	0.681	4	0.681	4	0.690	4	0.601	6	0.623	4	0.476	10
吉安市	0.520	6	0.519	6	0.519	6	0.516	6	0.611	5	0.408	10	1.000	1
抚州市	0.392	8	0.390	7	0.390	7	0.377	7	0.409	7	0.366	11	0.782	5
萍乡市	0.350	10	0.254	9	0.254	9	0.266	9	0.296	8	0.542	5	0.833	2
新余市	0.451	7	0.299	8	0.299	8	0.296	8	0.263	9	0.966	2	0.547	9
景德镇市	0.248	11	0.195	11	0.195	11	0.196	11	0.125	11	0.463	9	0.391	11
鹰潭市	0.390	9	0.227	10	0.227	10	0.229	10	0.217	10	0.763	3	0.581	7

表4-43　2016年江西省设区市创业环境竞争力得分及其排序

城市	02 创业环境竞争力 得分	排序	021 区域平均办公租金 得分	排序	022 区域平均劳动力成本 得分	排序	023 宏观综合赋税水平 得分	排序	024 创业网站个数 得分	排序	025 区域创业新闻条数 得分	排序
南昌市	0.915	1	0.321	11	0.515	11	0.467	11	1.000	1	1.000	1
赣州市	0.672	2	0.455	10	0.597	7	0.684	5	1.000	1	0.412	4
上饶市	0.646	4	0.480	9	0.597	6	0.969	2	1.000	1	0.319	8
宜春市	0.384	5	0.705	4	1.000	1	0.564	9	0.000	5	0.600	2
九江市	0.310	6	0.519	8	0.596	8	0.576	7	0.000	5	0.501	3
吉安市	0.263	8	0.676	5	0.796	3	0.595	6	0.000	5	0.355	6
抚州市	0.186	10	0.566	7	0.668	5	0.571	8	0.000	5	0.213	9
萍乡市	0.189	9	0.871	2	0.776	4	0.516	10	0.000	5	0.180	10
新余市	0.307	7	1.000	1	0.580	9	1.000	1	0.000	5	0.395	5
景德镇市	0.669	3	0.582	6	1.000	2	0.714	4	1.000	1	0.343	7
鹰潭市	0.174	11	0.759	3	0.523	10	0.759	3	0.000	5	0.160	11

第四章 区域城市创业发展评价及排序

表4-44 2016年江西省设区市创业产出水平竞争力得分及其排序

城市	O3 创业产出水平竞争力 得分	排序	031 近三年创业专利申请数 得分	排序	032 近三年创业企业有效发明专利数 得分	排序	033 近三年创业企业著作权数 得分	排序	034 新三板企业数 得分	排序	035 新三板企业市值 得分	排序	036 近三年战略新兴产业创业企业专利申请数 得分	排序	037 近三年战略新兴产业创业企业有效发明专利数 得分	排序	038 近三年战略新兴产业创业企业著作权数 得分	排序
南昌市	0.958	1	1.000	1	1.000	1	1.000	1	1.000	1	0.163	3	1.000	1	1.000	1	1.000	1
赣州市	0.617	2	0.617	2	0.593	5	0.602	2	0.759	2	0.002	5	0.553	3	0.722	2	0.521	2
上饶市	0.489	3	0.393	7	0.699	2	0.141	9	0.563	4	1.000	1	0.410	7	0.629	4	0.183	7
宜春市	0.478	4	0.442	6	0.632	4	0.269	4	0.629	3	0.000	7	0.512	4	0.629	4	0.193	6
九江市	0.336	7	0.476	5	0.297	7	0.333	3	0.322	6	0.124	4	0.432	6	0.357	7	0.405	3
吉安市	0.241	8	0.575	3	0.371	6	0.196	5	0.000	11	0.000	11	0.647	2	0.535	6	0.318	5
抚州市	0.349	5	0.476	4	0.665	3	0.151	8	0.241	7	0.000	9	0.495	5	0.676	3	0.164	9
萍乡市	0.338	6	0.179	10	0.222	8	0.196	5	0.563	4	0.601	2	0.131	10	0.178	8	0.405	3
新余市	0.146	9	0.292	8	0.000	10	0.137	10	0.241	7	0.001	6	0.196	9	0.000	9	0.096	10
景德镇市	0.101	11	0.159	11	0.074	9	0.155	7	0.080	10	0.000	10	0.029	11	0.000	9	0.183	7
鹰潭市	0.126	10	0.262	9	0.000	10	0.059	11	0.241	7	0.000	8	0.342	8	0.000	9	0.000	11

第十二节 山东省

山东省2016年在全国各省、直辖市和自治区中创业竞争力排序为6，得分为0.692。在19个二级指标中，山东省排序比较靠前的是近三年创业企业有效发明专利数，说明该省的科技水平在全国范围内比较有竞争力。

山东省内数据显示，创业综合竞争力排序第一类是青岛市和济南市；第二类是烟台市和潍坊市。具体而言，在创业规模竞争力方面，2016年河北省的整体得分是0.739，排序为3。省内表现比较突出的城市是青岛市、济南市、烟台市、潍坊市和菏泽市。在创业环境竞争力方面，2016年山东省的整体得分是0.653，排序为5。省内表现比较突出的城市是青岛市、济南市、潍坊市、烟台市和德州市。在创业产出竞争力方面，2016年山东省的整体得分是0.673，排序为6。省内表现比较突出的城市是青岛市、济南市、烟台市、潍坊市和威海市（见图4-12、表4-45、表4-46、表4-47、表4-48）。

表4-45 2016年山东省设区市创业竞争力一级指标得分及其排序

城市	创业竞争力 得分	排序	01 创业规模 得分	排序	02 创业环境 得分	排序	03 创业产出水平 得分	排序
青岛市	0.9303	1	0.980	1	0.828	1	0.937	1
济南市	0.8264	2	0.808	2	0.822	2	0.842	2
烟台市	0.6900	3	0.724	3	0.663	4	0.676	3
潍坊市	0.6617	4	0.724	4	0.665	3	0.612	4
淄博市	0.4832	5	0.511	8	0.495	6	0.456	6
威海市	0.4193	6	0.449	9	0.199	15	0.495	5
济宁市	0.4193	7	0.586	6	0.284	10	0.350	7
临沂市	0.4011	8	0.580	7	0.258	13	0.326	8

续表

城市	创业竞争力 得分	创业竞争力 排序	01 创业规模 得分	01 创业规模 排序	02 创业环境 得分	02 创业环境 排序	03 创业产出水平 得分	03 创业产出水平 排序
菏泽市	0.3681	9	0.671	5	0.307	9	0.160	14
德州市	0.3610	10	0.351	12	0.653	5	0.239	10
滨州市	0.3364	11	0.440	10	0.423	7	0.217	11
东营市	0.2967	12	0.337	14	0.195	16	0.311	9
泰安市	0.2852	13	0.337	13	0.397	8	0.195	12
聊城市	0.2701	14	0.394	11	0.222	14	0.195	13
日照市	0.2168	15	0.308	15	0.261	12	0.126	15
枣庄市	0.1994	16	0.285	16	0.273	11	0.100	16
莱芜市	0.1325	17	0.195	17	0.145	17	0.078	17

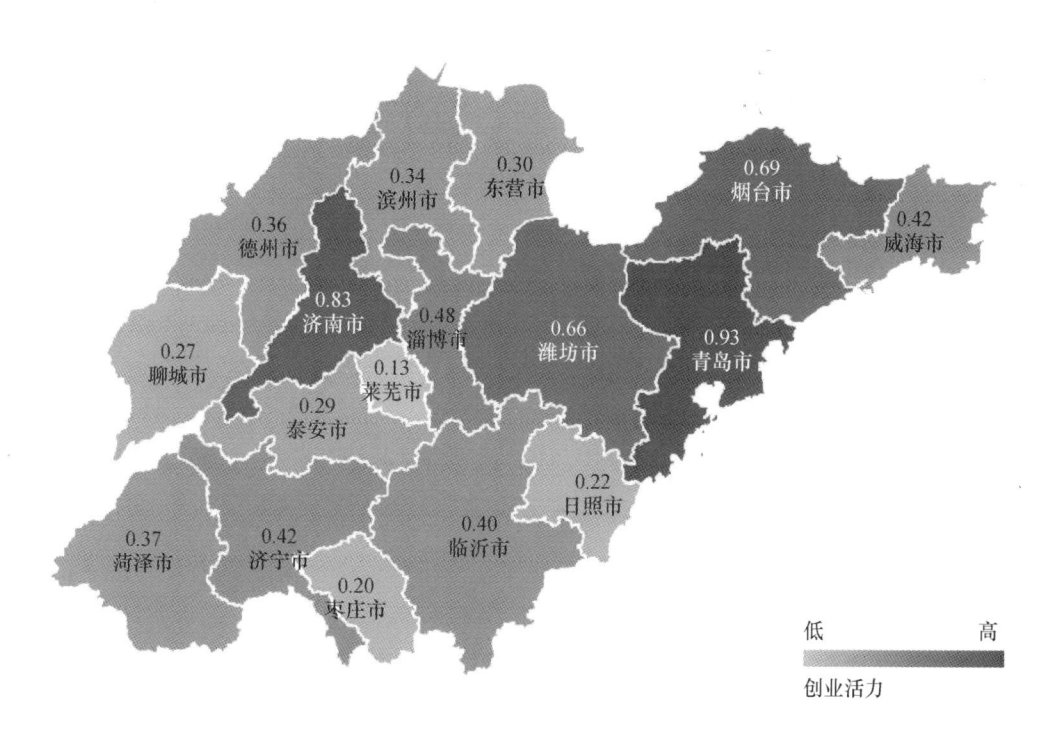

图 4-12 山东省创业竞争力示意图

表4-46 2016年山东省设区市创业规模竞争力得分及其排序

城市	01 创业规模竞争力 得分	排序	011 近三年创业企业数 得分	排序	012 近三年创业企业注册资本 得分	排序	013 当年创业企业数 得分	排序	014 当年战略新兴产业创业企业数 得分	排序	015 每百万人口中创业企业数 得分	排序	016 当年战略新兴产业创业企业占比 得分	排序
青岛市	0.980	1	1.000	1	1.000	1	1.000	1	1.000	1	1.000	1	0.600	9
济南市	0.808	2	0.757	2	0.825	2	0.764	4	0.930	2	0.824	3	1.000	1
烟台市	0.724	3	0.715	4	0.649	4	0.767	3	0.654	4	0.836	2	0.409	16
潍坊市	0.724	4	0.750	3	0.619	5	0.761	5	0.805	3	0.658	6	0.693	6
淄博市	0.511	8	0.477	8	0.341	10	0.502	8	0.506	7	0.647	7	0.568	11
威海市	0.449	9	0.355	10	0.357	9	0.357	11	0.392	11	0.731	5	0.633	7
济宁市	0.586	6	0.649	6	0.532	7	0.620	7	0.606	5	0.481	11	0.534	13
临沂市	0.580	7	0.644	7	0.778	3	0.623	6	0.523	6	0.392	13	0.447	15
菏泽市	0.671	5	0.690	5	0.491	8	0.809	2	0.454	8	0.779	4	0.222	17
德州市	0.351	12	0.342	12	0.270	14	0.293	12	0.409	9	0.312	16	0.897	3
滨州市	0.440	10	0.353	11	0.608	6	0.375	9	0.350	13	0.592	8	0.527	14
东营市	0.337	14	0.213	16	0.276	13	0.203	16	0.295	14	0.587	9	0.951	2
泰安市	0.337	13	0.302	13	0.320	12	0.286	13	0.383	12	0.311	17	0.847	4
聊城市	0.394	11	0.405	9	0.330	11	0.373	10	0.400	10	0.381	14	0.608	8
日照市	0.308	15	0.250	15	0.263	15	0.233	15	0.228	16	0.492	10	0.554	12
枣庄市	0.285	16	0.269	14	0.186	16	0.234	14	0.238	15	0.371	15	0.574	10
莱芜市	0.195	17	0.105	17	0.089	17	0.094	17	0.111	17	0.425	12	0.705	5

表4-47 2016年山东省设区市创业环境竞争力得分及其排序

城市	02 创业环境竞争力 得分	排序	021 区域平均办公租金 得分	排序	022 区域平均劳动力成本 得分	排序	023 宏观综合赋税水平 得分	排序	024 创业网站个数 得分	排序	025 区域创业新闻条数 得分	排序
青岛市	0.828	1	0.250	17	0.477	17	0.426	17	0.801	2	1.000	1
济南市	0.822	2	0.308	16	0.488	15	0.457	16	1.000	1	0.798	2
烟台市	0.663	4	0.498	14	0.554	13	0.545	12	0.682	4	0.689	3
潍坊市	0.665	3	0.816	3	0.594	11	0.473	15	0.722	3	0.626	5
淄博市	0.495	6	0.674	8	0.583	12	0.717	5	0.408	8	0.517	6
威海市	0.199	15	0.477	15	0.640	8	0.506	14	0.000	14	0.261	7
济宁市	0.284	10	0.690	6	0.488	15	0.526	13	0.204	9	0.259	8
临沂市	0.258	13	0.650	9	0.601	10	0.566	10	0.204	9	0.189	13
菏泽市	0.307	9	0.904	2	1.000	1	0.651	7	0.204	9	0.217	10
德州市	0.653	5	0.719	5	0.830	3	0.798	4	0.602	6	0.656	4
滨州市	0.423	7	0.553	12	0.665	7	0.550	11	0.682	4	0.137	15
东营市	0.195	16	0.577	11	0.496	14	1.000	1	0.000	14	0.203	11
泰安市	0.397	8	0.578	10	0.707	6	0.954	2	0.602	6	0.098	16
聊城市	0.222	14	0.680	7	0.879	2	0.921	3	0.000	14	0.218	9
日照市	0.261	12	0.540	13	0.628	9	0.631	8	0.204	9	0.199	12
枣庄市	0.273	11	1.000	1	0.805	4	0.681	6	0.204	9	0.150	14
莱芜市	0.145	17	0.754	4	0.795	5	0.611	9	0.000	14	0.082	17

表4-48 2016年山东省设区市创业产出水平竞争力得分及其排序

城市	O3 创业产出水平竞争力 得分	O3 创业产出水平竞争力 排序	O31 近三年创业企业专利申请数 得分	O31 近三年创业企业专利申请数 排序	O32 近三年创业企业有效发明专利数 得分	O32 近三年创业企业有效发明专利数 排序	O33 近三年创业企业著作权数 得分	O33 近三年创业企业著作权数 排序	O34 新三板企业数 得分	O34 新三板企业数 排序	O35 新三板企业市值 得分	O35 新三板企业市值 排序	O36 近三年战略新兴产业创业企业专利申请数 得分	O36 近三年战略新兴产业创业企业专利申请数 排序	O37 近三年战略新兴产业创业企业有效发明专利数 得分	O37 近三年战略新兴产业创业企业有效发明专利数 排序	O38 近三年战略新兴产业创业企业著作权数 得分	O38 近三年战略新兴产业创业企业著作权数 排序
青岛市	0.937	1	1.000	1	1.000	1	1.000	1	0.849	2	0.727	4	1.000	1	1.000	1	0.919	2
济南市	0.842	2	0.671	2	0.622	3	0.922	2	1.000	1	1.000	1	0.692	2	0.667	3	1.000	1
烟台市	0.676	3	0.572	5	0.681	2	0.607	3	0.763	3	0.811	2	0.601	5	0.831	2	0.468	4
潍坊市	0.612	4	0.602	4	0.605	5	0.583	4	0.618	5	0.754	3	0.618	4	0.618	4	0.602	3
淄博市	0.456	6	0.371	8	0.612	4	0.250	9	0.641	4	0.024	8	0.398	6	0.414	6	0.187	9
威海市	0.495	5	0.623	3	0.518	7	0.323	7	0.606	6	0.000	13	0.634	3	0.618	4	0.441	5
济宁市	0.350	7	0.411	7	0.480	8	0.266	8	0.351	8	0.014	9	0.315	7	0.396	7	0.290	6
临沂市	0.326	8	0.215	10	0.555	6	0.324	6	0.276	12	0.145	6	0.199	9	0.234	10	0.202	8
菏泽市	0.160	14	0.179	14	0.423	9	0.066	15	0.075	17	0.000	17	0.128	13	0.162	12	0.021	16
德州市	0.239	10	0.222	9	0.290	10	0.131	12	0.351	8	0.001	11	0.142	12	0.216	11	0.116	12
滨州市	0.217	11	0.188	13	0.208	12	0.158	11	0.251	13	0.421	5	0.159	10	0.270	9	0.164	10
东营市	0.311	9	0.462	6	0.284	11	0.333	5	0.351	8	0.001	10	0.142	11	0.288	8	0.161	11
泰安市	0.195	12	0.203	12	0.063	17	0.195	10	0.326	11	0.000	14	0.214	8	0.036	16	0.254	7
聊城市	0.195	13	0.214	11	0.133	14	0.093	13	0.376	7	0.077	15	0.105	14	0.072	15	0.064	14
日照市	0.126	15	0.094	16	0.145	13	0.077	14	0.175	14	0.077	7	0.062	17	0.144	13	0.095	13
枣庄市	0.100	16	0.139	15	0.114	15	0.066	15	0.125	16	0.000	12	0.098	15	0.090	14	0.043	15
莱芜市	0.078	17	0.055	17	0.101	16	0.004	17	0.150	15	0.000	16	0.071	16	0.036	16	0.005	17

第十三节 河南省

河南省2016年在全国各省、直辖市和自治区中创业竞争力排序为11，得分为0.457。在19个二级指标中，河南省排序比较靠前的是宏观综合赋税水平和区域平均劳动力水平，说明该省的创业成本在全国范围内比较有竞争力。

河南省内数据显示，创业综合竞争力排序第一类是郑州市；第二类是洛阳市、新乡市和南阳市。具体而言，在创业总量竞争力方面，2016年河南省的整体得分是0.583，排序为9。省内表现比较突出的城市是郑州市、洛阳市、南阳市、周口市和驻马店市。在创业环境竞争力方面，2016年河南省的整体得分是0.425，排序为17。省内表现比较突出的城市是郑州市、洛阳市、新乡市、漯河市和南阳市。在创业产出竞争力方面，2016年河南省的整体得分是0.373，排序为12。省内表现比较突出的城市是郑州市、洛阳市、新乡市、焦作市和平顶山市（见图4-13、表4-49、表4-50、表4-51、表4-52）。

表4-49　2016年河南省设区市创业竞争力一级指标得分及其排序

城市	创业竞争力 得分	排序	01 创业规模 得分	排序	02 创业环境 得分	排序	03 创业产出水平 得分	排序
郑州市	0.9725	1	0.977	1	0.903	1	1.000	1
洛阳市	0.6455	2	0.632	2	0.622	2	0.666	2
新乡市	0.4675	3	0.496	9	0.426	3	0.464	3
南阳市	0.4287	4	0.597	3	0.368	5	0.325	6
商丘市	0.3875	5	0.523	7	0.315	9	0.314	7
平顶山市	0.3780	6	0.414	11	0.301	11	0.384	5
焦作市	0.3773	7	0.354	13	0.365	6	0.401	4
许昌市	0.3495	8	0.507	8	0.186	13	0.299	8
安阳市	0.3306	9	0.430	10	0.362	7	0.240	9

续表

城市	创业竞争力 得分	创业竞争力 排序	01 创业规模 得分	01 创业规模 排序	02 创业环境 得分	02 创业环境 排序	03 创业产出水平 得分	03 创业产出水平 排序
驻马店市	0.3209	10	0.547	5	0.308	10	0.151	13
开封市	0.3072	11	0.529	6	0.149	17	0.205	12
濮阳市	0.2981	12	0.349	14	0.348	8	0.237	10
周口市	0.2790	13	0.550	4	0.183	14	0.111	16
信阳市	0.2487	14	0.413	12	0.240	12	0.125	14
漯河市	0.2282	15	0.285	15	0.387	4	0.113	15
三门峡市	0.2101	16	0.238	17	0.151	16	0.215	11
鹤壁市	0.1766	17	0.280	16	0.157	15	0.105	17

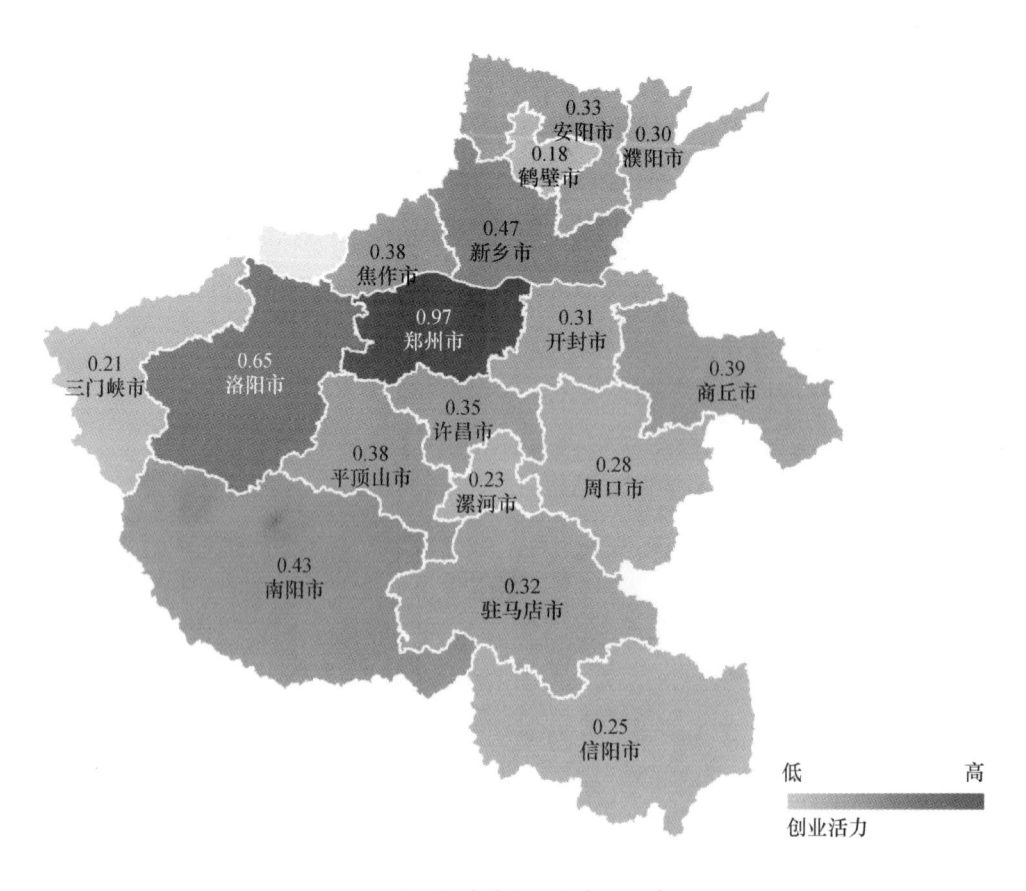

图 4-13 河南省创业竞争力示意图

表4-50 2016年河南省设区市创业规模竞争力得分及其排序

城市	01 创业规模竞争力 得分	排序	011 近三年创业企业数 得分	排序	012 近三年创业企业注册资本 得分	排序	013 当年创业企业数 得分	排序	014 当年战略新兴产业创业企业数 得分	排序	015 每百万人口中创业企业数 得分	排序	016 当年战略新兴产业创业企业占比 得分	排序
郑州市	0.977	1	1.000	1	1.000	1	1.000	1	1.000	1	1.000	1	0.532	11
洛阳市	0.632	2	0.631	3	0.629	2	0.625	3	0.645	2	0.631	3	0.660	5
新乡市	0.496	9	0.463	9	0.358	10	0.446	9	0.619	4	0.488	10	1.000	1
南阳市	0.597	3	0.636	2	0.624	3	0.634	2	0.621	3	0.491	9	0.499	13
商丘市	0.523	7	0.574	6	0.430	8	0.576	6	0.461	7	0.476	12	0.454	16
平顶山市	0.414	11	0.373	11	0.509	5	0.378	12	0.377	12	0.453	14	0.564	7
焦作市	0.354	13	0.280	14	0.205	14	0.282	14	0.399	10	0.478	11	0.864	4
许昌市	0.507	8	0.519	8	0.404	9	0.454	8	0.433	9	0.638	2	0.540	9
安阳市	0.430	10	0.371	12	0.342	11	0.380	11	0.564	6	0.436	15	0.914	3
驻马店市	0.547	5	0.606	4	0.515	4	0.582	5	0.388	11	0.550	6	0.377	17
开封市	0.529	6	0.527	7	0.492	6	0.509	7	0.437	8	0.631	4	0.486	14
濮阳市	0.349	14	0.300	13	0.284	13	0.292	13	0.289	14	0.501	7	0.562	8
周口市	0.550	4	0.601	5	0.454	7	0.601	4	0.608	5	0.414	16	0.604	6
信阳市	0.413	12	0.425	10	0.335	12	0.444	10	0.372	13	0.400	17	0.475	15
漯河市	0.285	15	0.217	15	0.193	15	0.216	15	0.203	16	0.498	8	0.534	10
三门峡市	0.238	17	0.170	16	0.164	17	0.162	16	0.143	17	0.455	13	0.501	12
鹤壁市	0.280	16	0.147	17	0.167	16	0.148	17	0.230	15	0.552	5	0.963	2

表4-51 2016年河南省设区市创业环境竞争力得分及其排序

城市	02 创业环境竞争力 得分	排序	021 区域平均办公租金 得分	排序	022 区域平均劳动力成本 得分	排序	023 宏观综合赋税水平 得分	排序	024 创业网站个数 得分	排序	025 区域创业新闻条数 得分	排序
郑州市	0.903	1	0.223	17	0.562	14	0.281	17	1.000	1	1.000	1
洛阳市	0.622	2	0.439	16	0.687	6	0.475	16	0.638	2	0.638	2
新乡市	0.426	3	0.525	13	0.818	3	0.521	14	0.610	3	0.198	10
南阳市	0.368	5	0.748	7	0.613	9	0.819	3	0.000	11	0.577	3
商丘市	0.315	9	0.763	6	0.539	17	0.662	7	0.364	4	0.159	11
平顶山市	0.301	11	0.859	5	0.587	11	0.553	11	0.364	4	0.122	15
焦作市	0.365	6	0.861	4	0.626	8	0.749	5	0.364	4	0.239	6
许昌市	0.186	13	0.522	14	0.570	13	0.581	9	0.000	11	0.228	8
安阳市	0.362	7	0.735	9	0.846	2	0.678	6	0.364	4	0.229	7
驻马店市	0.308	10	0.739	8	0.656	7	0.807	4	0.364	4	0.117	16
开封市	0.149	17	0.486	15	0.556	15	0.574	10	0.000	11	0.152	12
濮阳市	0.348	8	0.571	11	1.000	1	0.613	8	0.364	4	0.207	9
周口市	0.183	14	0.899	3	0.585	12	1.000	1	0.000	11	0.131	13
信阳市	0.240	12	0.549	12	0.592	10	0.857	2	0.000	11	0.312	4
漯河市	0.387	4	0.930	2	0.724	5	0.509	15	0.364	4	0.296	5
三门峡市	0.151	16	1.000	1	0.554	16	0.537	13	0.000	11	0.103	17
鹤壁市	0.157	15	0.671	10	0.790	4	0.548	12	0.000	11	0.126	14

表4-52 2016年河南省设区市创业产出水平竞争力得分及其排序

城市	03 创业产出水平竞争力 得分	排序	031 近三年创业企业专利申请数 得分	排序	032 近三年创业企业有效发明专利数 得分	排序	033 近三年创业企业著作权数 得分	排序	034 新三板企业数 得分	排序	035 新三板企业市值 得分	排序	036 近三年战略新兴产业创业企业专利申请数 得分	排序	037 近三年战略新兴产业创业企业有效发明专利数 得分	排序	038 近三年战略新兴产业创业企业著作权数 得分	排序
郑州市	1.000	1	1.000	1	1.000	1	1.000	1	1.000	1	1.000	1	1.000	1	1.000	1	1.000	1
洛阳市	0.666	2	0.716	2	0.766	2	0.606	2	0.671	2	0.308	5	0.775	2	0.648	5	0.625	2
新乡市	0.464	3	0.603	3	0.532	6	0.218	5	0.617	3	0.001	11	0.644	3	0.425	6	0.274	4
南阳市	0.325	6	0.394	7	0.435	8	0.318	4	0.266	10	0.000	15	0.564	5	0.283	10	0.255	6
商丘市	0.314	7	0.132	12	0.643	3	0.325	3	0.177	12	0.001	10	0.156	11	0.783	2	0.207	8
平顶山市	0.384	5	0.448	5	0.617	4	0.180	7	0.355	6	0.000	16	0.558	6	0.756	3	0.262	5
焦作市	0.401	4	0.370	8	0.580	5	0.070	11	0.602	5	0.001	12	0.603	4	0.425	6	0.067	10
许昌市	0.299	8	0.414	6	0.097	13	0.122	10	0.607	4	0.003	7	0.545	7	0.142	12	0.018	16
安阳市	0.240	9	0.247	9	0.290	9	0.178	8	0.133	14	0.606	4	0.527	8	0.425	6	0.237	7
驻马店市	0.151	13	0.139	11	0.000	15	0.037	17	0.266	10	0.742	2	0.271	10	0.000	14	0.036	13
开封市	0.205	12	0.213	10	0.193	12	0.129	9	0.355	6	0.002	8	0.065	16	0.000	14	0.061	11
濮阳市	0.237	10	0.479	4	0.242	10	0.049	14	0.310	8	0.002	9	0.276	9	0.425	6	0.036	12
周口市	0.111	16	0.069	17	0.242	10	0.058	13	0.089	17	0.000	17	0.047	17	0.283	10	0.024	15
信阳市	0.125	14	0.074	14	0.048	14	0.206	6	0.133	14	0.001	13	0.129	12	0.142	12	0.322	3
漯河市	0.113	15	0.071	16	0.000	15	0.040	16	0.310	8	0.001	14	0.075	15	0.000	14	0.030	14
三门峡市	0.215	11	0.073	15	0.483	7	0.047	15	0.177	12	0.237	6	0.111	13	0.702	4	0.012	17
鹤壁市	0.105	17	0.103	13	0.000	15	0.063	12	0.133	14	0.618	3	0.109	14	0.000	14	0.122	9

·105·

第十四节 湖北省

湖北省 2016 年在全国各省、直辖市和自治区中创业竞争力排序为 10，得分为 0.545。在 18 个二级指标中，湖北省排序比较靠前的是区域平均劳动力水平，说明该省的创业成本在全国范围内比较有竞争力。

湖北省内数据显示，创业综合竞争力排序第一类是武汉市；第二类是襄阳市、宜昌市、黄冈市和十堰市。具体而言，在创业规模竞争力方面，2016 年湖北省的整体得分是 0.554，排序为 12。省内表现比较突出的城市是武汉市、襄阳市、宜昌市、黄冈市和十堰市。在创业环境竞争力方面，2016 年湖北省的整体得分是 0.625，排序为 7。省内表现比较突出的城市是武汉市、襄阳市、宜昌市、荆州市和荆门市。在创业产出竞争力方面，2016 年湖北省的整体得分是 0.502，排序为 10。省内表现比较突出的城市是武汉市、襄阳市、宜昌市、黄冈市和十堰市（见图 4-14、表 4-53、表 4-54、表 4-55、表 4-56）。

表 4-53 2016 年湖北省设区市创业竞争力一级指标得分及其排序

城市	创业竞争力 得分	排序	01 创业规模 得分	排序	02 创业环境 得分	排序	03 创业产出水平 得分	排序
武汉市	0.9144	1	0.792	1	0.936	1	1.000	1
襄阳市	0.5079	2	0.509	2	0.484	2	0.518	2
宜昌市	0.4427	3	0.477	3	0.267	3	0.494	3
黄冈市	0.3786	4	0.428	4	0.165	6	0.435	4
十堰市	0.3185	5	0.334	5	0.164	7	0.375	5
孝感市	0.2585	6	0.258	9	0.112	12	0.324	6
荆州市	0.2340	7	0.321	6	0.203	4	0.180	7

续表

城市	创业竞争力 得分	排序	01 创业规模 得分	排序	02 创业环境 得分	排序	03 创业产出水平 得分	排序
黄石市	0.2023	8	0.290	8	0.120	10	0.171	8
恩施土家族苗族自治州	0.2000	9	0.311	7	0.135	9	0.142	9
荆门市	0.1661	10	0.239	10	0.182	5	0.103	13
随州市	0.1310	11	0.169	11	0.120	11	0.106	12
鄂州市	0.1235	12	0.134	12	0.094	13	0.128	11
咸宁市	0.1160	13	0.067	13	0.149	8	0.140	10

图 4-14 湖北省创业竞争力示意图

表4-54 2016年湖北省设区市创业规模竞争力得分及其排序

城市	01 创业规模竞争力 得分	排序	011 近三年创业企业数 得分	排序	012 近三年创业企业注册资本 得分	排序	013 当年创业企业数 得分	排序	014 当年战略新兴产业创业企业数 得分	排序	015 当年战略新兴产业创业企业占比 得分	排序
武汉市	0.792	1	1.000	1	1.000	1	1.000	1	1.000	1	0.835	2
襄阳市	0.509	2	0.682	3	0.622	2	0.629	2	0.595	2	0.501	10
宜昌市	0.477	3	0.692	2	0.442	5	0.593	4	0.495	5	0.554	9
黄冈市	0.428	4	0.490	4	0.465	4	0.600	3	0.542	3	0.598	5
十堰市	0.334	5	0.338	8	0.371	6	0.372	8	0.524	4	1.000	1
孝感市	0.258	9	0.307	9	0.355	7	0.333	9	0.235	10	0.467	12
荆州市	0.321	6	0.393	5	0.467	3	0.431	5	0.274	8	0.421	13
黄石市	0.290	8	0.344	6	0.315	10	0.376	7	0.323	7	0.569	8
恩施土家族苗族自治州	0.311	7	0.344	7	0.335	9	0.427	6	0.383	6	0.595	6
荆门市	0.239	10	0.250	10	0.352	8	0.286	10	0.264	9	0.612	4
随州市	0.169	11	0.184	11	0.184	11	0.221	11	0.160	11	0.480	11
鄂州市	0.134	12	0.124	12	0.143	12	0.132	12	0.139	12	0.717	3
咸宁市	0.067	13	0.033	13	0.043	13	0.070	13	0.062	13	0.582	7

表 4-55　2016 年湖北省设区市创业环境竞争力得分及其排序

城市	02 创业环境竞争力 得分	排序	021 区域平均办公租金 得分	排序	022 区域平均劳动力成本 得分	排序	023 宏观综合赋税水平 得分	排序	024 创业网站个数 得分	排序	025 区域创业新闻条数 得分	排序
武汉市	0.219	12	0.188	13	0.537	12	1.000	1	1.000	1	1.000	1
襄阳市	0.305	7	0.382	12	0.575	9	0.585	6	0.318	2	0.621	2
宜昌市	0.848	2	0.395	11	0.573	10	0.505	9	0.318	2	0.147	4
黄冈市	0.400	6	1.000	1	0.813	3	0.423	10	0.000	5	0.118	6
十堰市	0.285	8	0.589	7	1.000	1	0.752	2	0.000	5	0.103	7
孝感市	0.604	4	0.552	9	0.561	11	0.414	11	0.000	5	0.080	9
荆州市	0.214	13	0.518	10	0.586	8	0.611	4	0.159	4	0.120	5
黄石市	0.855	1	0.589	8	0.588	7	0.577	8	0.000	5	0.073	10
恩施土家族苗族自治州	0.277	9	0.727	5	0.951	2	0.281	12	0.000	5	0.082	8
荆门市	0.260	10	0.775	4	0.536	13	0.578	7	0.000	5	0.194	3
随州市	0.612	3	0.825	3	0.736	6	0.601	5	0.000	5	0.027	13
鄂州市	0.456	5	0.631	6	0.799	4	0.125	13	0.000	5	0.036	12
咸宁市	0.232	11	0.985	2	0.738	5	0.667	3	0.000	5	0.065	11

表 4-56 2016 年湖北省设区市创业产出水平竞争力得分及其排序

城市	03 创业产出水平竞争力 得分	03 创业产出水平竞争力 排序	031 近三年创业企业专利申请数 得分	031 近三年创业企业专利申请数 排序	032 近三年创业企业有效发明专利数 得分	032 近三年创业企业有效发明专利数 排序	033 近三年创业企业著作权数 得分	033 近三年创业企业著作权数 排序	034 新三板企业数 得分	034 新三板企业数 排序	035 新三板企业市值 得分	035 新三板企业市值 排序	036 近三年战略新兴产业创业企业专利申请数 得分	036 近三年战略新兴产业创业企业专利申请数 排序	037 近三年战略新兴产业创业企业有效发明专利数 得分	037 近三年战略新兴产业创业企业有效发明专利数 排序	038 近三年战略新兴产业创业企业著作权数 得分	038 近三年战略新兴产业创业企业著作权数 排序
武汉市	1.000	1	1.000	1	1.000	1	1.000	1	1.000	1	1.000	1	1.000	1	1.000	1	1.000	1
襄阳市	0.518	2	0.359	5	0.606	2	0.147	3	0.894	4	0.182	2	0.365	3	0.610	2	0.114	3
宜昌市	0.494	3	0.392	4	0.427	5	0.214	2	0.947	3	0.002	3	0.298	4	0.281	5	0.167	2
黄冈市	0.435	4	0.306	6	0.349	6	0.048	6	1.000	1	0.001	4	0.201	5	0.196	7	0.003	12
十堰市	0.375	5	0.604	2	0.524	3	0.045	7	0.464	6	0.001	5	0.619	2	0.604	3	0.051	5
孝感市	0.324	6	0.447	3	0.233	7	0.029	9	0.682	5	0.000	6	0.162	7	0.084	10	0.031	7
荆州市	0.180	7	0.104	10	0.194	8	0.012	11	0.371	8	0.000	10	0.084	9	0.281	5	0.005	10
黄石市	0.171	8	0.251	7	0.194	8	0.029	9	0.279	9	0.000	12	0.162	6	0.112	9	0.009	8
恩施土家族苗族自治州	0.142	9	0.167	9	0.446	4	0.050	5	0.000	13	0.000	13	0.065	10	0.393	4	0.009	8
荆门市	0.103	13	0.208	8	0.155	10	0.038	8	0.093	12	0.000	11	0.149	8	0.056	11	0.039	6
随州市	0.106	12	0.093	11	0.136	11	0.012	11	0.186	11	0.000	9	0.064	11	0.168	8	0.005	10
鄂州市	0.128	11	0.068	12	0.078	12	0.067	4	0.279	9	0.000	7	0.050	12	0.056	11	0.060	4
咸宁市	0.140	10	0.001	13	0.000	13	0.000	13	0.464	6	0.000	8	0.002	13	0.000	13	0.000	13

· 110 ·

第十五节 湖南省

湖南省 2016 年在全国各省、直辖市和自治区中创业竞争力排序为 13，得分为 0.406。在 19 个二级指标中，湖南省排序比较靠前的是区域平均劳动力水平，说明该省的创业成本在全国范围内比较有竞争力。

湖南省内数据显示，创业综合竞争力排序第一类是长沙市；第二类是湘潭市、株洲市和常德市。具体而言，在创业规模竞争力方面，2016 年湖南省的整体得分是 0.409，排序为 16。省内表现比较突出的城市是长沙市、株洲市、常德市、郴州市和益阳市。在创业环境竞争力方面，2016 年湖南省的整体得分是 0.562，排序为 8。省内表现比较突出的城市是长沙市、湘潭市、怀化市、常德市和娄底市。在创业产出竞争力方面，2016 年湖南省的整体得分是 0.334，排序为 13。省内表现比较突出的城市是长沙市、湘潭市、株洲市、益阳市和常德市（见图 4-15、表 4-57、表 4-58、表 4-59、表 4-60）。

表 4-57　2016 年湖南省设区市创业竞争力一级指标得分及其排序

城市	创业竞争力 得分	排序	01 创业规模 得分	排序	02 创业环境 得分	排序	03 创业产出水平 得分	排序
长沙市	0.9723	1	0.995	1	0.903	1	0.985	1
湘潭市	0.4223	2	0.384	10	0.501	2	0.417	2
株洲市	0.4084	3	0.571	2	0.278	8	0.340	3
常德市	0.4037	4	0.539	3	0.465	4	0.271	5
衡阳市	0.3403	5	0.491	7	0.289	7	0.246	6
益阳市	0.3402	6	0.495	5	0.163	12	0.298	4
岳阳市	0.3353	7	0.492	6	0.321	6	0.221	7

续表

城市	创业竞争力 得分	排序	01 创业规模 得分	排序	02 创业环境 得分	排序	03 创业产出水平 得分	排序
郴州市	0.3175	8	0.525	4	0.278	9	0.174	9
娄底市	0.3019	9	0.363	12	0.443	5	0.192	8
怀化市	0.2468	10	0.363	11	0.466	3	0.059	13
邵阳市	0.2240	11	0.419	8	0.168	11	0.098	11
永州市	0.2124	12	0.391	9	0.173	10	0.091	12
湘西土家族苗族自治州	0.1523	13	0.189	14	0.143	13	0.128	10
张家界市	0.1422	14	0.275	13	0.122	14	0.049	14

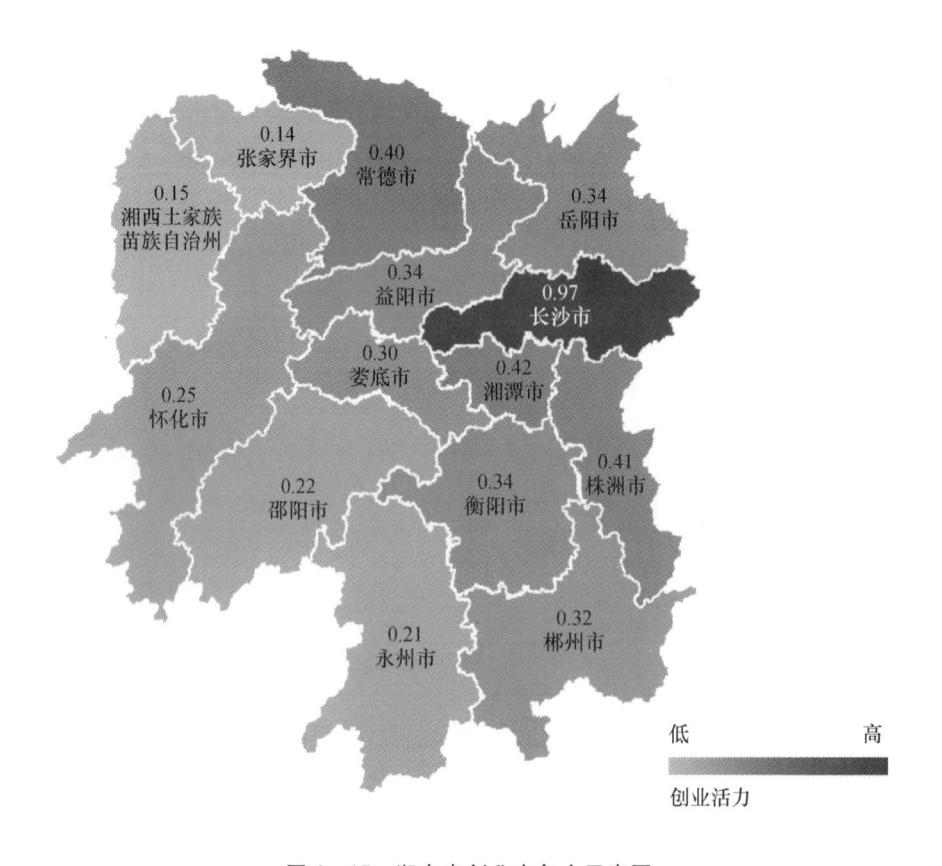

图 4-15 湖南省创业竞争力示意图

表4-58 2016年湖南省设区市创业规模竞争力得分及其排序

城市	01 创业规模竞争力 得分	排序	011 近三年创业企业数 得分	排序	012 近三年创业企业注册资本 得分	排序	013 当年创业企业数 得分	排序	014 当年战略新兴产业创业企业数 得分	排序	015 每百万人口中创业企业数 得分	排序	016 当年战略新兴产业创业企业占比 得分	排序
长沙市	0.795	1	1.000	1	1.000	1	1.000	1	1.000	1	1	1	0.900	2
湘潭市	0.271	12	0.286	12	0.425	9	0.291	12	0.312	10	0.566	5	0.775	3
常德市	0.445	3	0.630	2	0.477	6	0.504	6	0.484	3	0.474	8	0.670	4
株洲市	0.446	2	0.512	4	0.511	4	0.519	3	0.610	2	0.626	2	1.000	1
衡阳市	0.411	4	0.501	5	0.521	3	0.532	2	0.461	4	0.399	11	0.588	6
岳阳市	0.393	6	0.483	7	0.589	2	0.506	5	0.376	6	0.494	7	0.505	12
益阳市	0.382	7	0.555	3	0.392	10	0.454	8	0.359	7	0.566	6	0.536	10
郴州市	0.405	5	0.500	6	0.497	5	0.516	4	0.459	5	0.626	3	0.605	5
娄底市	0.273	11	0.347	10	0.353	12	0.317	11	0.260	12	0.451	9	0.555	8
怀化市	0.282	10	0.347	11	0.357	11	0.360	10	0.270	11	0.404	10	0.509	11
邵阳市	0.349	8	0.439	8	0.466	8	0.458	7	0.324	9	0.347	13	0.480	13
永州市	0.313	9	0.354	9	0.472	7	0.388	9	0.332	8	0.392	12	0.582	7
湘西土家族苗族自治州	0.189	13	0.217	13	0.183	14	0.236	13	0.191	13	0.000	14	0.548	9
张家界市	0.151	14	0.166	14	0.225	13	0.189	14	0.112	14	0.619	4	0.403	14

表4-59 2016年湖南省设区市创业环境竞争力得分及其排序

城市	02 创业环境竞争力 得分	排序	021 区域平均办公租金 得分	排序	022 区域平均劳动力成本 得分	排序	023 宏观综合赋税水平 得分	排序	024 创业网站个数 得分	排序	025 区域创业新闻条数 得分	排序
长沙市	0.903	1	0.260	14	0.438	14	0.370	14	1.000	1	1.000	1
湘潭市	0.501	2	0.511	10	0.569	12	0.605	7	0.365	5	0.601	2
常德市	0.465	4	0.467	13	0.629	8	0.624	5	0.628	2	0.284	5
株洲市	0.278	8	0.499	11	0.511	13	0.467	12	0.183	6	0.292	4
衡阳市	0.289	7	1.000	1	0.914	3	0.559	9	0.183	6	0.205	8
岳阳市	0.321	6	0.481	12	0.864	4	1.000	1	0.000	9	0.452	3
益阳市	0.163	12	0.813	5	0.624	9	0.722	3	0.000	9	0.123	12
郴州市	0.278	9	0.619	8	0.600	11	0.609	6	0.183	6	0.253	6
娄底市	0.443	5	0.965	2	1.000	1	0.787	2	0.548	4	0.193	9
怀化市	0.466	3	0.862	4	0.604	10	0.602	8	0.628	2	0.249	7
邵阳市	0.168	11	0.632	7	0.733	5	0.665	4	0.000	9	0.147	10
永州市	0.173	10	0.715	6	0.951	2	0.533	10	0.000	9	0.139	11
湘西土家族苗族自治州	0.143	13	0.865	3	0.660	6	0.404	13	0.000	9	0.103	13
张家界市	0.122	14	0.546	9	0.646	7	0.513	11	0.000	9	0.081	14

第四章 区域城市创业发展评价及排序

表4-60 2016年湖南省设区市创业产出水平竞争力得分及其排序

城市	03 创业产出水平竞争力 得分	排序	031 近三年创业企业专利申请数 得分	排序	032 近三年创业企业有效发明专利数 得分	排序	033 近三年创业企业著作权数 得分	排序	034 新三板企业数 得分	排序	035 新三板企业市值 得分	排序	036 近三年战略新兴产业创业企业专利申请数 得分	排序	037 近三年战略新兴产业创业企业有效发明专利数 得分	排序	038 近三年战略新兴产业创业企业著作权数 得分	排序
长沙市	0.985	1	1.000	1	1.000	1	1.000	1	1.000	1	0.705	2	1.000	1	1.000	1	1.000	1
湘潭市	0.417	2	0.406	3	0.494	2	0.211	2	0.564	2	0.000	6	0.623	2	0.405	4	0.352	3
常德市	0.271	5	0.383	4	0.494	2	0.072	11	0.313	6	0.000	8	0.166	10	0.000	11	0.059	6
株洲市	0.340	3	0.416	2	0.247	5	0.170	3	0.501	4	0.000	7	0.510	3	0.608	2	0.352	3
衡阳市	0.246	6	0.379	5	0.114	9	0.077	8	0.501	4	0.000	5	0.218	6	0.101	7	0.000	7
岳阳市	0.221	7	0.218	8	0.247	5	0.093	5	0.251	7	0.001	4	0.256	5	0.506	3	0.470	2
益阳市	0.298	4	0.244	7	0.171	8	0.112	4	0.564	2	0.629	3	0.173	8	0.101	10	0.000	7
郴州市	0.174	9	0.348	6	0.380	4	0.057	12	0.063	11	0.000	12	0.199	7	0.405	4	0.000	7
娄底市	0.192	8	0.173	10	0.057	10	0.079	7	0.251	7	1.000	1	0.377	4	0.202	6	0.000	7
怀化市	0.059	13	0.133	11	0.019	14	0.074	9	0.063	11	0.000	11	0.066	12	0.101	7	0.000	7
邵阳市	0.098	11	0.110	12	0.038	12	0.086	6	0.188	10	0.000	9	0.081	11	0.000	11	0.000	7
永州市	0.091	12	0.179	9	0.247	5	0.036	14	0.000	14	0.000	13	0.168	9	0.101	7	0.000	7
湘西土家族苗族自治州	0.128	10	0.089	13	0.038	12	0.074	9	0.251	7	0.000	10	0.040	13	0.000	11	0.352	5
张家界市	0.049	14	0.070	14	0.057	10	0.041	13	0.063	11	0.000	13	0.021	14	0.000	11	0.000	7

·115·

第十六节 广东省

广东省2016年在全国各省、直辖市和自治区中创业竞争力排序为1，得分为0.906。在19个二级指标中，广东省排序比较靠前的是近三年来创业企业数、当年创业企业数、当年战略新兴产业企业数、互联网上检索新闻条数、近三年战略新兴产业创业企业著作权数排序均为全国第一，说明该省有很强的创业活力。

广东省内数据显示，创业综合竞争力排序第一类是深圳市；第二类是广州市、东莞市和佛山市。具体而言，在创业规模竞争力方面，2016年广东省的整体得分是0.899，排序为1。省内表现比较突出的城市是深圳市、广州市、东莞市、佛山市和中山市。在创业环境竞争力方面，2016年广东省的整体得分是0.830，排序为1。省内表现比较突出的城市是深圳市、广州市、东莞市、佛山市和珠海市。在创业产出竞争力方面，2016年广东省的整体得分是0.945，排序为1。省内表现比较突出的城市是深圳市、广州市、东莞市、佛山市和珠海市（见图4-16、表4-61、表4-62、表4-63、表4-64）。

表4-61　2016年广东省设区市创业竞争力一级指标得分及其排序

城市	创业竞争力 得分	排序	01 创业规模 得分	排序	02 创业环境 得分	排序	03 创业产出水平 得分	排序
深圳市	0.9736	1	0.993	1	0.885	1	0.997	1
广州市	0.7458	2	0.724	2	0.710	2	0.779	2
东莞市	0.6110	3	0.619	3	0.595	3	0.612	3
佛山市	0.5074	4	0.552	4	0.359	4	0.538	4
中山市	0.3586	5	0.417	5	0.205	7	0.381	6
珠海市	0.3464	6	0.320	7	0.284	5	0.395	5
惠州市	0.2796	7	0.406	6	0.217	6	0.209	7
汕头市	0.1667	8	0.166	9	0.189	8	0.157	8

续表

城市	创业竞争力 得分	排序	01 创业规模 得分	排序	02 创业环境 得分	排序	03 创业产出水平 得分	排序
江门市	0.1636	9	0.204	8	0.170	9	0.129	9
肇庆市	0.0987	10	0.140	13	0.133	14	0.051	11
梅州市	0.0967	11	0.145	12	0.097	21	0.059	10
河源市	0.0898	12	0.159	10	0.120	18	0.022	16
清远市	0.0847	13	0.154	11	0.103	20	0.023	15
湛江市	0.0838	14	0.140	14	0.154	11	0.009	20
韶关市	0.0812	15	0.122	17	0.106	19	0.038	12
茂名市	0.0799	16	0.135	15	0.122	17	0.018	18
云浮市	0.0785	17	0.108	18	0.158	10	0.020	17
揭阳市	0.0780	18	0.099	19	0.150	12	0.029	13
阳江市	0.0768	19	0.124	16	0.145	13	0.009	19
潮州市	0.0665	20	0.081	20	0.126	16	0.029	14
汕尾市	0.0572	21	0.080	21	0.128	15	0.008	21

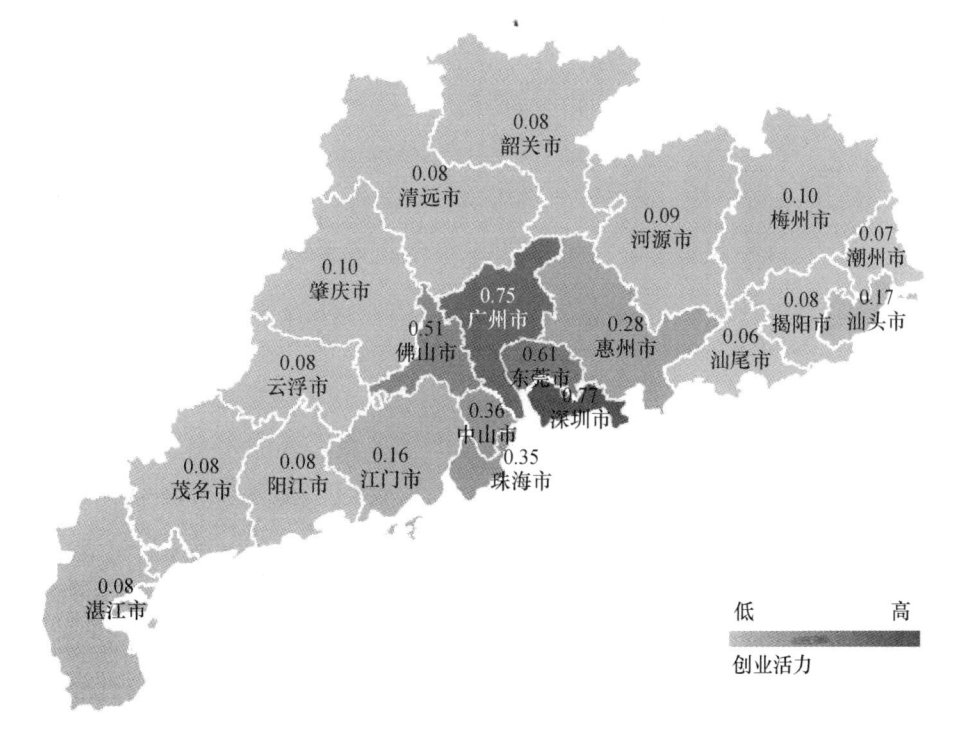

图 4-16 广东省创业竞争力示意图

表4-62 2016年广东省设区市创业规模竞争力得分及其排序

城市	01 创业规模竞争力		011 近三年来创业企业数		012 近三年创业企业注册资本		013 当年创业企业数		014 当年战略新兴产业创业企业数		015 每百万人口中创业企业数		016 当年战略新兴产业创业企业占比	
	得分	排序	得分	排序	得分	排序	得分	排序	得分	排序	得分	排序	得分	排序
深圳市	0.993	1	1.000	1	1.000	1	1.000	1	1.000	1	1.000	1	0.870	2
广州市	0.724	2	0.722	2	0.644	2	0.723	2	0.763	2	0.681	2	1.000	1
东莞市	0.619	3	0.643	3	0.444	3	0.645	3	0.607	3	0.661	3	0.559	9
佛山市	0.552	4	0.608	4	0.301	7	0.606	4	0.385	4	0.613	6	0.540	12
中山市	0.417	5	0.467	5	0.125	9	0.386	6	0.181	5	0.638	5	0.446	16
珠海市	0.320	7	0.238	7	0.335	5	0.215	7	0.098	8	0.648	4	0.436	17
惠州市	0.406	6	0.398	6	0.307	6	0.394	5	0.162	6	0.605	7	0.391	20
汕头市	0.166	9	0.136	10	0.345	4	0.126	9	0.050	15	0.178	14	0.376	21
江门市	0.204	8	0.188	8	0.075	14	0.163	8	0.114	7	0.283	8	0.635	4
肇庆市	0.140	13	0.103	15	0.083	10	0.090	15	0.078	11	0.174	15	0.722	3
梅州市	0.145	12	0.121	12	0.080	11	0.112	12	0.062	12	0.203	12	0.524	13
河源市	0.159	10	0.108	14	0.146	8	0.103	14	0.060	13	0.263	9	0.552	10
清远市	0.154	11	0.125	11	0.073	15	0.125	10	0.055	14	0.256	10	0.420	18
湛江市	0.140	14	0.138	9	0.080	12	0.121	11	0.069	11	0.131	19	0.544	11
韶关市	0.122	17	0.082	17	0.047	18	0.072	18	0.049	16	0.192	13	0.630	5
茂名市	0.135	15	0.117	13	0.077	13	0.107	13	0.071	10	0.138	18	0.617	6
云浮市	0.108	18	0.075	19	0.029	21	0.054	19	0.036	19	0.173	16	0.617	7
揭阳市	0.099	19	0.079	18	0.049	17	0.080	16	0.043	17	0.104	21	0.513	14
阳江市	0.124	16	0.084	16	0.060	16	0.075	17	0.037	18	0.234	11	0.472	15
潮州市	0.081	20	0.053	20	0.039	19	0.047	20	0.020	21	0.140	17	0.396	19
汕尾市	0.080	21	0.042	21	0.033	20	0.043	21	0.026	20	0.111	20	0.568	8

表4-63　2016年广东省设区市创业环境竞争力得分及其排序

城市	02 创业环境竞争力 得分	排序	021 区域平均办公租金 得分	排序	022 区域平均劳动力成本 得分	排序	023 宏观综合赋税水平 得分	排序	024 创业网站个数 得分	排序	025 区域创业新闻条数 得分	排序
深圳市	0.885	1	0.093	21	0.410	20	0.206	21	1.000	1	1.000	1
广州市	0.710	2	0.150	20	0.409	21	0.458	14	0.751	2	0.797	2
东莞市	0.595	3	0.289	18	0.668	10	0.420	15	0.607	3	0.629	3
佛山市	0.359	4	0.375	15	0.537	18	0.537	11	0.535	4	0.161	5
中山市	0.205	7	0.289	17	0.565	16	0.407	17	0.178	6	0.157	6
珠海市	0.284	5	0.154	19	0.489	19	0.257	20	0.059	9	0.478	4
惠州市	0.217	6	0.331	16	0.567	15	0.397	18	0.238	5	0.128	8
汕头市	0.189	8	0.586	12	0.675	8	0.617	8	0.178	6	0.053	9
江门市	0.170	9	0.496	14	0.639	12	0.414	16	0.059	9	0.154	7
肇庆市	0.133	14	0.619	8	0.627	13	0.695	7	0.059	9	0.027	14
梅州市	0.097	21	0.605	10	0.642	11	0.348	19	0.000	15	0.038	12
河源市	0.120	18	0.640	7	0.729	7	0.467	13	0.059	9	0.011	18
清远市	0.103	20	0.611	9	0.555	17	0.487	12	0.000	15	0.045	10
湛江市	0.154	11	0.587	11	0.777	5	0.864	4	0.059	9	0.042	11
韶关市	0.106	19	0.694	5	0.613	14	0.590	10	0.000	15	0.025	15
茂名市	0.122	17	0.581	13	0.674	9	0.928	2	0.000	15	0.029	13
云浮市	0.158	10	0.726	3	0.786	4	0.592	9	0.119	8	0.012	17
揭阳市	0.150	12	1.000	1	1.000	1	0.913	3	0.000	15	0.010	19
阳江市	0.145	13	0.755	2	0.776	6	0.823	5	0.059	9	0.009	20
潮州市	0.126	16	0.722	4	0.843	3	0.731	6	0.000	15	0.025	16
汕尾市	0.128	15	0.648	6	0.862	2	1.000	1	0.000	15	0.005	21

表4-64 2016年广东省设区市创业产出水平竞争力得分及其排序

城市	03 创业产出水平竞争力 得分	排序	031 近三年创业企业专利申请数 得分	排序	032 近三年创业企业有效发明专利数 得分	排序	033 近三年创业企业著作权数 得分	排序	034 新三板企业数 得分	排序	035 新三板企业市值 得分	排序	036 近三年战略新兴产业创业企业专利申请数 得分	排序	037 近三年战略新兴产业创业企业有效发明专利数 得分	排序	038 近三年战略新兴产业创业企业著作权数 得分	排序
深圳市	0.997	1	1.000	1	1.000	1	1.000	1	1.000	1	1.000	1	1.000	1	1.000	1	0.947	2
广州市	0.779	2	0.710	2	0.730	2	0.836	2	0.759	2	0.695	2	0.870	2	0.908	2	1.000	1
东莞市	0.612	3	0.699	3	0.723	3	0.520	3	0.647	3	0.111	5	0.685	3	0.675	3	0.494	3
佛山市	0.538	4	0.663	4	0.671	4	0.306	4	0.603	5	0.631	3	0.617	4	0.434	4	0.126	4
中山市	0.381	6	0.630	5	0.665	5	0.131	6	0.350	7	0.000	7	0.604	5	0.239	6	0.054	7
珠海市	0.395	5	0.245	8	0.485	6	0.215	5	0.614	4	0.270	4	0.186	8	0.282	5	0.084	5
惠州市	0.209	7	0.449	6	0.233	7	0.123	7	0.215	8	0.000	9	0.228	6	0.152	8	0.069	6
汕头市	0.157	8	0.059	11	0.038	10	0.072	8	0.418	6	0.000	6	0.016	16	0.043	11	0.009	13
江门市	0.129	9	0.286	7	0.158	8	0.036	11	0.135	9	0.000	8	0.200	7	0.152	7	0.031	9
肇庆市	0.051	11	0.057	12	0.032	12	0.010	17	0.108	10	0.000	11	0.048	10	0.043	11	0.003	18
梅州市	0.059	10	0.045	13	0.032	12	0.048	9	0.108	10	0.000	10	0.017	14	0.043	11	0.051	8
河源市	0.022	16	0.041	14	0.006	20	0.010	15	0.040	13	0.000	13	0.042	11	0.000	15	0.011	11
清远市	0.023	15	0.066	10	0.000	21	0.008	19	0.040	13	0.000	16	0.038	12	0.000	15	0.001	19
湛江市	0.009	20	0.019	18	0.013	16	0.048	18	0.000	20	0.000	18	0.016	15	0.043	11	0.004	16
韶关市	0.038	12	0.089	9	0.013	16	0.010	15	0.067	12	0.000	15	0.066	9	0.000	15	0.006	15
茂名市	0.018	18	0.020	17	0.032	12	0.011	14	0.013	17	0.000	17	0.009	19	0.065	10	0.008	14
云浮市	0.020	17	0.031	16	0.044	9	0.012	13	0.000	20	0.000	20	0.029	13	0.109	9	0.004	16
揭阳市	0.029	13	0.016	19	0.025	15	0.039	10	0.040	13	0.000	13	0.015	17	0.000	15	0.028	10
阳江市	0.009	19	0.014	20	0.013	16	0.004	21	0.013	17	0.000	17	0.001	21	0.000	15	0.001	21
潮州市	0.029	14	0.035	15	0.038	10	0.016	12	0.040	13	0.000	14	0.012	18	0.000	15	0.011	12
汕尾市	0.008	21	0.003	21	0.013	16	0.005	20	0.013	17	0.000	18	0.003	20	0.000	15	0.001	19

第十七节 广西壮族自治区

广西壮族自治区 2016 年在全国各省、直辖市和自治区中创业竞争力排序为 18，得分为 0.263。在 19 个二级指标中，广西壮族自治区排序比较靠前的是宏观综合赋税水平和区域平均劳动力水平，说明该省的创业成本在全国范围内比较有竞争力。

自治区内数据显示，创业综合竞争力排序第一类是南宁市；第二类是桂林市、柳州市和玉林市。具体而言，在创业规模竞争力方面，2016 年广西壮族自治区的整体得分是 0.393，排序为 19。省内表现比较突出的城市是南宁市、桂林市、柳州市、玉林市和百色市。在创业环境竞争力方面，2016 年广西壮族自治区的整体得分是 0.279，排序为 19。省内表现比较突出的城市是南宁市、桂林市、柳州市、玉林市和钦州市。在创业产出竞争力方面，2016 年广西壮族自治区的整体得分是 0.156，排序为 19。自治区内表现比较突出的城市是南宁市、桂林市、柳州市、玉林市和防城港市（见图 4-17、表 4-65、表 4-66、表 4-67、表 4-68）。

表 4-65 2016 年广西壮族自治区设区市创业竞争力一级指标得分及其排序

城市	创业竞争力 得分	排序	01 创业规模 得分	排序	02 创业环境 得分	排序	03 创业产出水平 得分	排序
南宁市	0.9593	1	0.973	1	0.907	1	0.972	1
桂林市	0.7128	2	0.630	2	0.649	2	0.805	2
柳州市	0.6852	3	0.618	3	0.563	3	0.791	3
玉林市	0.5034	4	0.526	4	0.480	4	0.496	4
防城港市	0.3580	5	0.351	11	0.129	14	0.465	5

续表

城市	创业竞争力 得分	创业竞争力 排序	01 创业规模 得分	01 创业规模 排序	02 创业环境 得分	02 创业环境 排序	03 创业产出水平 得分	03 创业产出水平 排序
北海市	0.3005	6	0.458	6	0.198	10	0.224	6
钦州市	0.2915	7	0.361	10	0.464	5	0.161	8
梧州市	0.2647	8	0.365	9	0.222	9	0.205	7
百色市	0.2615	9	0.475	5	0.302	7	0.077	10
河池市	0.2303	10	0.386	8	0.399	6	0.034	12
贵港市	0.2207	11	0.410	7	0.242	8	0.064	11
贺州市	0.1897	12	0.285	13	0.185	11	0.118	9
来宾市	0.1537	13	0.307	12	0.176	13	0.025	13
崇左市	0.1336	14	0.275	14	0.178	12	0.004	14

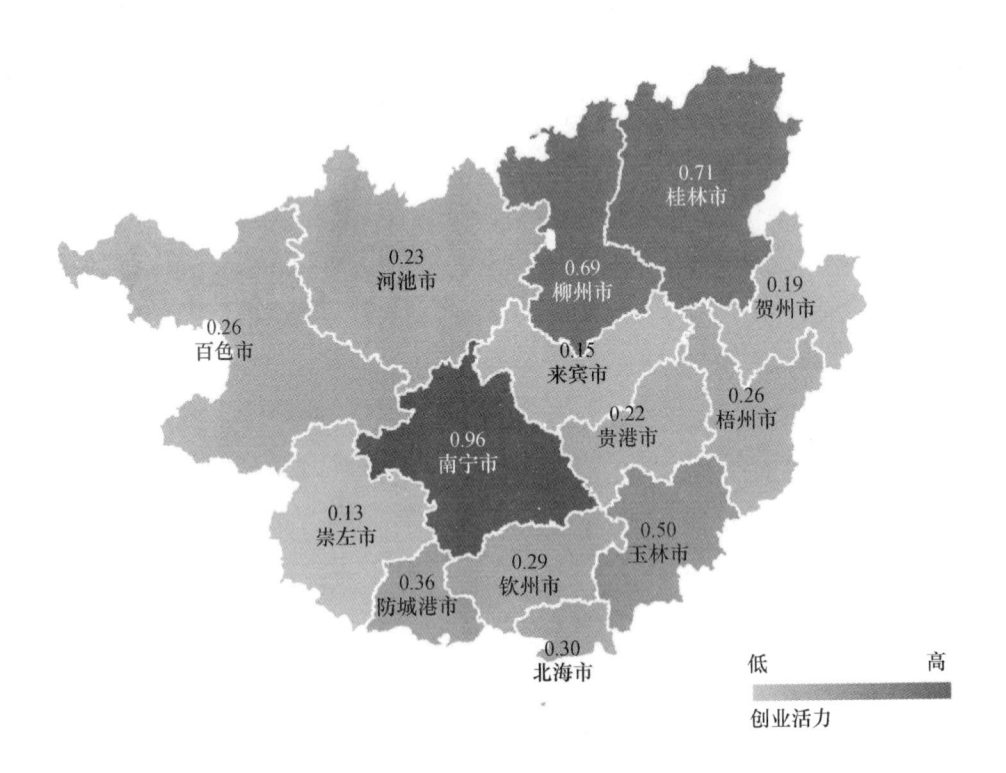

图 4-17 广西壮族自治区创业竞争力示意图

表4-66　2016年广西壮族自治区设区市创业规模竞争力得分及其排序

城市	01 创业规模竞争力 得分	排序	011 近三年创业企业数 得分	排序	012 近三年创业企业注册资本 得分	排序	013 当年创业企业数 得分	排序	014 当年战略新兴产业创业企业数 得分	排序	015 每百万人口中创业企业数 得分	排序	016 当年战略新兴产业创业企业占比 得分	排序
南宁市	0.973	1	1.000	1	1.000	1	1.000	1	1.000	1	1.000	1	0.467	13
桂林市	0.630	2	0.636	2	0.623	2	0.628	2	0.661	2	0.594	5	0.699	5
柳州市	0.618	3	0.629	3	0.586	3	0.619	3	0.621	4	0.634	4	0.551	9
玉林市	0.526	4	0.552	4	0.389	6	0.543	4	0.639	3	0.359	14	1.000	1
防城港市	0.351	11	0.227	14	0.408	5	0.215	14	0.208	13	0.702	2	0.544	10
北海市	0.458	6	0.361	9	0.481	4	0.365	8	0.404	7	0.689	3	0.641	6
钦州市	0.361	10	0.331	10	0.315	9	0.324	9	0.380	8	0.381	12	0.708	4
梧州市	0.365	9	0.392	8	0.207	12	0.320	10	0.351	9	0.402	11	0.631	7
百色市	0.475	5	0.477	5	0.373	7	0.442	5	0.539	5	0.463	6	0.754	3
河池市	0.386	8	0.413	6	0.235	10	0.399	7	0.304	11	0.433	7	0.428	14
贵港市	0.410	7	0.409	7	0.359	8	0.419	6	0.440	6	0.368	13	0.591	8
贺州市	0.285	13	0.242	12	0.224	11	0.229	12	0.215	12	0.426	8	0.530	11
来宾市	0.307	12	0.248	11	0.190	13	0.238	11	0.306	10	0.412	9	0.819	2
崇左市	0.275	14	0.229	13	0.182	14	0.231	13	0.204	14	0.425	9	0.497	12

表4-67　2016年广西壮族自治区设区市创业环境竞争力得分及其排序

城市	02 创业环境竞争力 得分	排序	021 区域平均办公租金 得分	排序	022 区域平均劳动力成本 得分	排序	023 宏观综合赋税水平 得分	排序	024 创业网站个数 得分	排序	025 区域创业新闻条数 得分	排序
南宁市	0.907	1	0.259	14	0.486	14	0.393	13	1.000	1	1.000	1
桂林市	0.649	2	0.414	12	0.576	10	0.571	9	0.743	2	0.609	3
柳州市	0.563	3	0.341	13	0.572	11	0.571	9	0.494	3	0.648	2
玉林市	0.480	4	0.556	8	0.904	4	0.698	3	0.494	3	0.387	5
防城港市	0.129	14	0.454	11	0.635	7	0.505	12	0.000	7	0.109	14
北海市	0.198	10	0.540	9	0.756	5	0.709	2	0.000	7	0.218	9
钦州市	0.464	5	0.902	3	1.000	1	0.173	14	0.494	3	0.361	6
梧州市	0.222	9	0.485	10	0.919	2	0.640	7	0.000	7	0.266	8
百色市	0.302	7	0.828	4	0.737	6	0.554	11	0.000	7	0.435	4
河池市	0.399	6	0.783	5	0.579	9	1.000	1	0.494	3	0.185	11
贵港市	0.242	8	0.576	7	0.590	8	0.887	2	0.000	7	0.310	7
贺州市	0.185	11	0.637	6	0.560	12	0.787	4	0.000	7	0.189	10
来宾市	0.176	13	1.000	1	0.558	13	0.841	3	0.000	7	0.125	12
崇左市	0.178	12	0.983	2	0.906	3	0.628	8	0.000	7	0.115	13

表 4-68 2016年广西壮族自治区设区市创业产出水平竞争力得分及其排序

城市	03 创业产出水平竞争力 得分	排序	031 近三年创业企业专利申请数 得分	排序	032 近三年创业企业有效发明专利数 得分	排序	033 近三年创业企业著作权数 得分	排序	034 新三板企业数 得分	排序	035 新三板企业市值 得分	排序	036 近三年战略新兴产业创业企业专利申请数 得分	排序	037 近三年战略新兴产业创业企业有效发明专利数 得分	排序	038 近三年战略新兴产业创业企业著作权数 得分	排序
南宁市	0.972	1	1.000	1	0.957	2	1.000	1	1.000	1	0.704	3	0.902	2	0.962	2	1.000	1
桂林市	0.805	2	0.733	3	1.000	1	0.655	2	0.769	3	1.000	1	0.680	3	0.737	3	0.867	2
柳州市	0.791	3	0.995	2	0.754	3	0.635	3	0.861	2	0.814	2	1.000	1	0.662	5	0.602	4
玉林市	0.496	4	0.587	4	0.576	4	0.095	7	0.630	4	0.592	5	0.644	4	0.699	4	0.427	6
防城港市	0.465	5	0.336	6	0.508	5	0.105	6	0.630	4	0.648	4	0.578	5	1.000	1	0.475	5
北海市	0.224	6	0.274	7	0.305	7	0.334	4	0.000	8	0.000	7	0.231	9	0.624	6	0.622	3
钦州市	0.161	8	0.378	5	0.034	12	0.067	9	0.255	6	0.105	6	0.426	7	0.000	10	0.000	8
梧州市	0.205	7	0.254	8	0.203	8	0.162	5	0.255	6	0.000	7	0.441	6	0.275	7	0.000	8
百色市	0.077	10	0.211	9	0.169	9	0.010	13	0.000	8	0.000	7	0.147	10	0.275	7	0.000	8
河池市	0.034	12	0.107	12	0.068	10	0.029	12	0.000	8	0.000	7	0.025	12	0.000	10	0.000	8
贵港市	0.064	11	0.128	10	0.068	10	0.048	10	0.000	8	0.000	7	0.277	8	0.275	7	0.142	7
贺州市	0.118	9	0.107	13	0.406	6	0.076	8	0.000	8	0.000	7	0.005	14	0.000	10	0.000	8
来宾市	0.025	13	0.113	11	0.000	13	0.038	11	0.000	8	0.000	7	0.114	11	0.000	10	0.000	8
崇左市	0.004	14	0.028	14	0.000	13	0.000	14	0.000	8	0.000	7	0.020	13	0.000	10	0.000	8

第十八节 海南省

海南省 2016 年在全国各省、直辖市和自治区中创业竞争力排序为 29，得分为 0.096。

海南省内数据显示，创业综合竞争力排序第一类为海口市，其次为三亚市，最后为三沙市。具体而言，在创业规模竞争力方面，2016 年海南省的整体得分是 0.175，排序为 29。省内表现比较突出的城市为海口市。在创业环境竞争力方面，2016 年海南省的整体得分是 0.111，排序为 30。省内表现比较突出的城市为海口市。在创业产出竞争力方面，2016 年海南省的整体得分是 0.029，排序为 29。省内表现比较突出的城市依然是海口市（见图 4-18、表 4-69、表 4-70、表 4-71、表 4-72）。

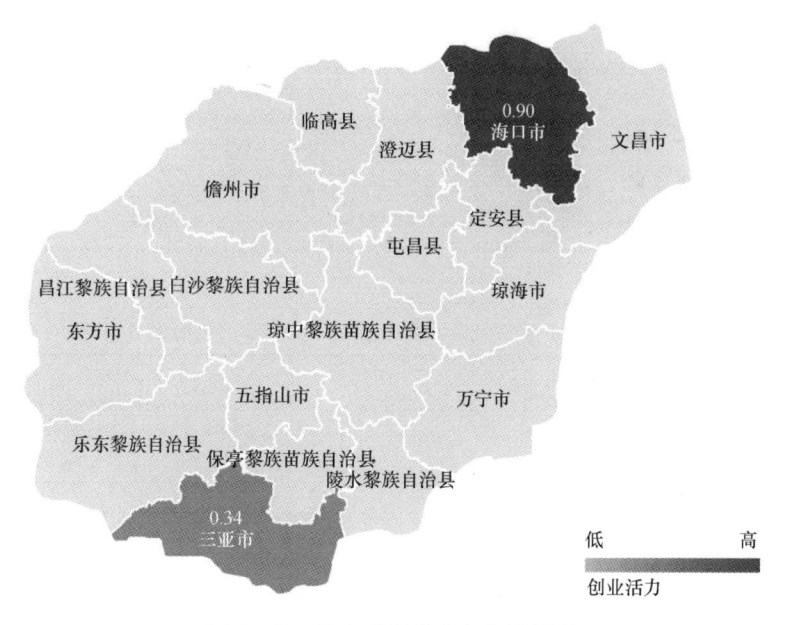

图 4-18 海南省创业竞争力示意图

注：海南省三沙市是海南省管辖的 4 个地级市之一，辖西沙群岛、中沙群岛、南沙群岛的岛屿及海域。这一区域的统计数据缺失较多，未在地图中显示。笔者使用的画图平台，在选择海南省时，只显示陆地部分，未显示三沙市。

表4-69 2016年海南省设区市创业竞争力一级指标得分及其排序

城市	创业竞争力 得分	排序	01 创业规模 得分	排序	02 创业环境 得分	排序	03 创业产出水平 得分	排序
海口市	0.9038	1	0.782	1	0.900	1	1.000	1
三亚市	0.3359	2	0.284	2	0.651	2	0.236	2
三沙市	0.0404	3	0.084	3	0.029	3	0.011	3

表4-70 2016年海南省设区市创业规模竞争力得分及其排序

城市	01 创业规模竞争力 得分	排序	011 近三年创业企业数 得分	排序	012 近三年创业企业注册资本 得分	排序	013 当年创业企业数 得分	排序	014 当年战略新兴产业创业企业数 得分	排序	015 每百万人口中创业企业数 得分	排序	016 当年战略新兴产业创业企业占比 得分	排序
海口市	0.782	1	1.000	1	1.000	1	1.000	1	1.000	1	0.646	2	0.782	1
三亚市	0.284	2	0.365	2	0.345	2	0.346	2	0.291	2	0.497	3	0.284	2
三沙市	0.084	3	0.044	3	0.062	3	0.040	3	0.047	3	1.000	1	0.084	3

表4-71 2016年海南省设区市创业环境竞争力得分及其排序

城市	02 创业环境竞争力 得分	排序	021 区域平均办公租金 得分	排序	022 区域平均劳动力成本 得分	排序	023 宏观综合赋税水平 得分	排序	024 创业网站个数 得分	排序	025 区域创业新闻条数 得分	排序
海口市	0.900	1	1.000	1	1.000	1	1.000	1	1.000	1	1.000	1
三亚市	0.651	2	0.599	2	0.326	2	0.402	2	1.000	1	0.490	2
三沙市	0.029	3	0.560	3	0.000	3	0.000	3	0.000	3	0.003	3

表4-72 2016年海南省设区市创业产出水平竞争力得分及其排序

城市	03 创业产出水平竞争力		031 近三年创业企业专利申请数		032 近三年创业企业有效发明专利数		033 近三年创业企业著作权数		034 新三板企业数		035 新三板企业市值		036 近三年战略新兴产业创业企业专利申请数		037 近三年战略新兴产业创业企业有效发明专利数		038 近三年战略新兴产业创业企业著作权数	
	得分	排序	得分	排序	得分	排序	得分	排序	得分	排序	得分	排序	得分	排序	得分	排序	得分	排序
海口市	1.000	1	1.000	1	1.000	1	1.000	1	1.000	1	1.000	1	1.000	1	1.000	1	1.000	1
三亚市	0.236	2	0.271	2	0.640	2	0.116	2	0.090	2	0.116	2	0.157	2	0.000	2	0.044	2
三沙市	0.011	3	0.086	3	0.000	3	0.004	3	0.000	3	0.000	3	0.000	3	0.000	2	0.000	3

第十九节 四川省

四川省 2016 年在全国各省、直辖市和自治区中创业竞争力排序为 8，得分为 0.563。在 18 个二级指标中，四川省排序比较靠前的是近三年战略新兴产业创业企业专利申请书，说明该省的创业产出在全国范围内比较有竞争力。

四川省内数据显示，创业综合竞争力排序第一类是成都市；第二类是绵阳市、德阳市和泸州市。具体而言，在创业规模竞争力方面，2016 年四川省的整体得分是 0.573，排序为 10。省内表现比较突出的城市是成都市、绵阳市、泸州市、宜宾市和南充市。在创业环境竞争力方面，2016 年四川省的整体得分是 0.550，排序为 10。省内表现比较突出的城市是成都市、绵阳市、泸州市、德阳市和攀枝花市。在创业产出竞争力方面，2016 年四川省的整体得分是 0.560，排序为 7。省内表现比较突出的城市是成都市、绵阳市、德阳市、乐山市和遂宁市（见图 4-19、表 4-73、表 4-74、表 4-75、表 4-76）。

表 4-73 2016 年四川省设区市创业竞争力一级指标得分及其排序

城市	创业竞争力 得分	排序	01 创业规模 得分	排序	02 创业环境 得分	排序	03 创业产出水平 得分	排序
成都市	0.9110	1	0.800	1	0.905	1	1.000	1
绵阳市	0.5341	2	0.484	2	0.606	2	0.541	2
德阳市	0.3219	3	0.292	7	0.379	4	0.320	3
泸州市	0.2307	4	0.357	3	0.384	3	0.065	16
遂宁市	0.1938	5	0.196	15	0.243	7	0.170	5
乐山市	0.1914	6	0.232	9	0.134	17	0.185	4
宜宾市	0.1908	7	0.338	4	0.192	9	0.076	14
南充市	0.1794	8	0.325	5	0.182	11	0.065	15
内江市	0.1700	9	0.175	16	0.215	8	0.146	6
自贡市	0.1677	10	0.212	13	0.191	10	0.123	8
攀枝花市	0.1651	11	0.154	18	0.341	5	0.096	11
广元市	0.1633	12	0.216	11	0.151	16	0.128	7

续表

城市	创业竞争力 得分	排序	01 创业规模 得分	排序	02 创业环境 得分	排序	03 创业产出水平 得分	排序
眉山市	0.1600	13	0.213	12	0.164	14	0.117	9
达州市	0.1536	14	0.319	6	0.167	13	0.019	19
凉山彝族自治州	0.1430	15	0.256	8	0.087	20	0.080	13
广安市	0.1400	16	0.197	14	0.160	15	0.087	12
雅安市	0.1250	17	0.034	21	0.305	6	0.116	10
巴中市	0.1179	18	0.222	10	0.177	12	0.011	20
资阳市	0.1051	19	0.174	17	0.130	18	0.040	17
阿坝藏族羌族自治州	0.0660	20	0.117	19	0.109	19	0.007	21
甘孜藏族自治州	0.0587	21	0.094	20	0.069	21	0.027	18

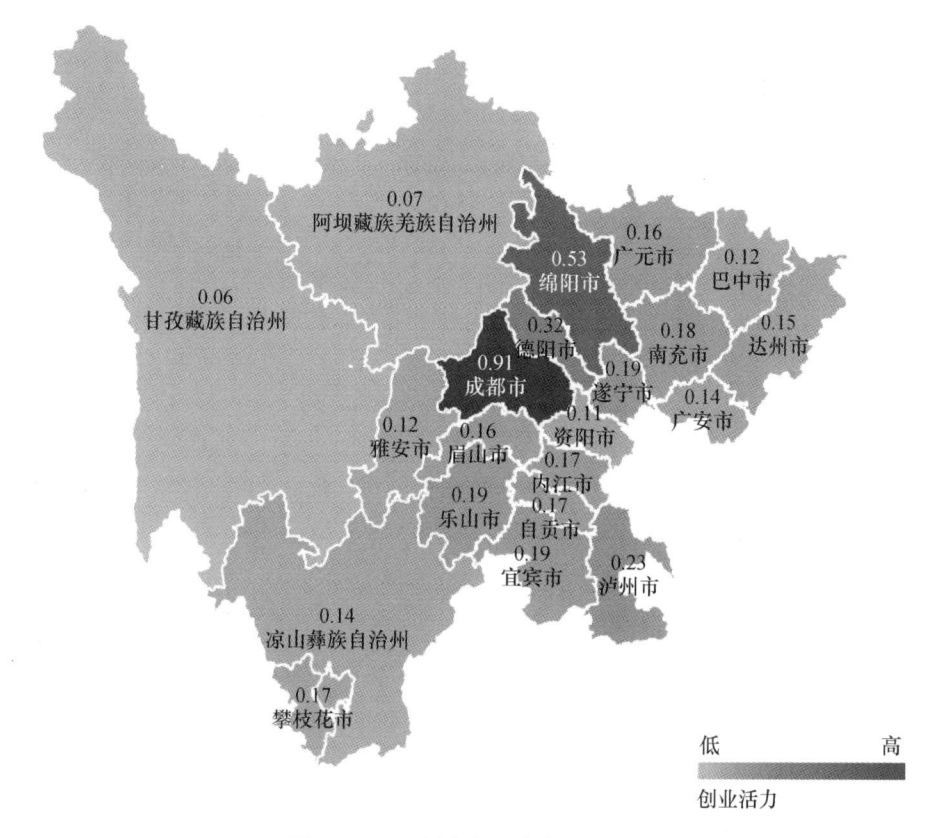

图4-19 四川省创业竞争力示意图

表4-74 2016年四川省设区市创业规模竞争力得分及其排序

城市	02 创业环境竞争力 得分	排序	011 近三年来创业企业数 得分	排序	012 近三年创业企业注册资本 得分	排序	013 当年创业企业数 得分	排序	014 当年战略新兴产业创业企业数 得分	排序	015 当年战略新兴产业创业企业占比 得分	排序
成都市	0.800	1	1	1	1	1	1	1	1	1	1	1
绵阳市	0.484	2	0.608	2	0.53	3	0.606	2	0.601	2	0.743	3
德阳市	0.292	7	0.387	7	0.319	7	0.355	7	0.239	4	0.631	4
泸州市	0.357	3	0.451	5	0.539	2	0.458	3	0.257	3	0.546	9
遂宁市	0.196	15	0.241	15	0.242	12	0.25	14	0.125	14	0.487	16
乐山市	0.232	9	0.301	9	0.232	14	0.282	9	0.178	8	0.608	7
宜宾市	0.338	4	0.458	4	0.455	4	0.432	5	0.219	5	0.495	15
南充市	0.325	5	0.46	3	0.351	6	0.444	4	0.192	6	0.422	21
内江市	0.175	16	0.22	17	0.167	17	0.213	16	0.118	15	0.539	10
自贡市	0.212	13	0.276	11	0.216	15	0.269	12	0.144	12	0.519	13
攀枝花市	0.154	18	0.192	18	0.143	18	0.165	18	0.103	18	0.606	8
广元市	0.216	11	0.259	12	0.241	13	0.26	13	0.173	10	0.626	5
眉山市	0.213	12	0.28	10	0.247	11	0.273	11	0.131	13	0.467	19
达州市	0.319	6	0.45	6	0.394	5	0.419	6	0.184	7	0.427	20
凉山彝族自治州	0.256	8	0.341	8	0.277	9	0.339	8	0.169	11	0.486	17
广安市	0.197	14	0.25	14	0.271	10	0.237	15	0.117	16	0.481	18
雅安市	0.034	21	0.01	21	0.011	21	0.013	21	0.007	21	0.524	12
巴中市	0.222	10	0.252	13	0.291	8	0.276	10	0.176	9	0.612	6
资阳市	0.174	17	0.232	16	0.182	16	0.206	17	0.105	17	0.496	14
阿坝藏族羌族自治州	0.117	19	0.112	19	0.087	19	0.111	19	0.098	19	0.744	2
甘孜藏族自治州	0.094	20	0.095	20	0.074	20	0.102	20	0.056	20	0.533	11

表4-75 2016年四川省设区市创业环境竞争力得分及其排序

城市	02 创业环境竞争力 得分	排序	021 区域平均办公租金 得分	排序	022 区域平均劳动力成本 得分	排序	023 宏观综合赋税水平 得分	排序	024 创业网站个数 得分	排序	025 区域创业新闻条数 得分	排序
成都市	0.905	1	0.274	21	0.489	19	0.338	20	1.000	1	1.000	1
绵阳市	0.606	2	0.541	16	0.564	16	0.640	11	0.610	2	0.611	2
德阳市	0.379	4	0.873	3	0.584	15	0.690	7	0.420	3	0.229	5
泸州市	0.384	3	0.557	13	0.722	10	0.534	13	0.420	3	0.278	4
遂宁市	0.243	7	0.469	18	0.888	2	0.702	6	0.000	7	0.312	3
乐山市	0.134	17	0.611	10	0.659	12	0.648	10	0.000	7	0.085	16
宜宾市	0.192	9	0.737	7	0.646	13	0.521	15	0.000	7	0.216	7
南充市	0.182	11	0.619	9	0.766	8	0.666	9	0.000	7	0.177	8
内江市	0.215	8	0.381	19	1.000	1	0.893	2	0.000	7	0.225	6
自贡市	0.191	10	0.743	5	0.823	7	1.000	1	0.000	7	0.139	11
攀枝花市	0.341	5	1.000	1	0.540	17	0.727	4	0.420	3	0.133	14
广元市	0.151	16	0.570	12	0.599	14	0.608	12	0.000	7	0.138	13
眉山市	0.164	14	0.494	17	0.684	11	0.507	17	0.000	7	0.176	9
达州市	0.167	13	0.545	15	0.870	3	0.677	8	0.000	7	0.139	12
凉山彝族自治州	0.087	20	0.331	20	0.519	18	0.533	14	0.000	7	0.040	19
广安市	0.160	15	0.730	8	0.763	9	0.742	3	0.000	7	0.108	15
雅安市	0.305	6	0.743	5	0.864	4	0.517	16	0.420	3	0.069	17
巴中市	0.177	12	0.857	4	0.828	6	0.501	18	0.000	7	0.151	10
资阳市	0.130	18	0.575	11	0.864	5	0.707	5	0.000	7	0.050	18
阿坝藏族羌族自治州	0.109	19	0.968	2	0.472	20	0.398	19	0.000	7	0.037	20
甘孜藏族自治州	0.069	21	0.555	14	0.441	21	0.252	21	0.000	7	0.014	21

表4-76　2016年四川省设区市创业产出水平竞争力得分及其排序

城市	O3 创业产出水平竞争力 得分	排序	O31 近三年创业企业专利申请数 得分	排序	O32 近三年创业企业有效发明专利数 得分	排序	O33 近三年创业企业著作权数 得分	排序	O34 新三板企业数 得分	排序	O35 新三板企业市值 得分	排序	O36 近三年战略新兴产业创业企业专利申请数 得分	排序	O37 近三年战略新兴产业创业企业有效发明专利数 得分	排序	O38 近三年战略新兴产业创业企业著作权数 得分	排序
成都市	1.000	1	1.000	1	1.000	1	1.000	1	1.000	1	1.000	1	1.000	1	1.000	1	1.000	1
绵阳市	0.541	2	0.602	2	0.574	2	0.601	2	0.619	2	0.016	3	0.307	2	0.211	3	0.400	2
德阳市	0.320	3	0.341	3	0.430	4	0.167	3	0.430	3	0.003	5	0.227	3	0.421	2	0.045	5
泸州市	0.065	16	0.113	9	0.048	16	0.078	4	0.072	11	0.001	6	0.043	11	0.042	13	0.020	8
遂宁市	0.170	5	0.165	4	0.526	3	0.031	12	0.072	11	0.000	15	0.134	4	0.084	8	0.014	11
乐山市	0.185	4	0.137	6	0.215	5	0.028	13	0.358	4	0.000	10	0.075	7	0.169	4	0.019	10
宜宾市	0.076	14	0.126	7	0.143	10	0.034	10	0.072	11	0.001	9	0.023	15	0.000	15	0.006	15
南充市	0.065	15	0.063	14	0.215	5	0.028	13	0.000	17	0.000	15	0.039	12	0.084	8	0.020	8
内江市	0.146	6	0.064	13	0.096	14	0.071	5	0.286	6	0.218	2	0.078	6	0.126	5	0.008	14
自贡市	0.123	8	0.091	10	0.143	10	0.053	8	0.215	8	0.001	7	0.047	9	0.084	8	0.028	6
攀枝花市	0.096	11	0.034	16	0.191	9	0.010	18	0.143	9	0.000	11	0.022	16	0.126	5	0.003	17
广元市	0.128	7	0.080	12	0.120	12	0.009	19	0.286	6	0.004	4	0.055	8	0.084	8	0.002	19
眉山市	0.117	9	0.084	11	0.215	5	0.061	7	0.143	9	0.000	14	0.046	10	0.084	8	0.009	12
达州市	0.019	19	0.117	8	0.000	18	0.019	17	0.000	17	0.000	15	0.019	17	0.000	15	0.009	12
凉山彝族自治州	0.080	13	0.031	17	0.215	5	0.034	10	0.072	11	0.001	13	0.019	17	0.000	15	0.003	17
广安市	0.087	12	0.156	5	0.120	12	0.071	5	0.358	4	0.000	12	0.098	5	0.000	15	0.058	4
雅安市	0.116	10	0.010	20	0.024	17	0.000	21	0.000	17	0.001	8	0.011	19	0.042	13	0.000	20
巴中市	0.011	20	0.029	18	0.000	18	0.026	15	0.000	17	0.000	15	0.028	14	0.000	15	0.027	7
资阳市	0.040	17	0.040	15	0.000	18	0.049	9	0.072	11	0.000	15	0.038	13	0.000	15	0.060	3
阿坝藏族羌族自治州	0.007	21	0.017	19	0.000	18	0.026	15	0.000	17	0.000	15	0.004	21	0.000	15	0.000	20
甘孜藏族自治州	0.027	18	0.009	21	0.096	14	0.003	20	0.000	17	0.000	15	0.008	20	0.126	5	0.005	16

第二十节 贵州省

贵州省2016年在全国各省、直辖市和自治区中创业竞争力排序为21,得分为0.228。在19个二级指标中,贵州省排序比较靠前的是区域平均办公租金,说明该省的创业成本在全国范围内比较低。

贵州省内数据显示,创业综合竞争力排序第一类是贵阳市;第二类是遵义市、毕节市、黔东南苗族侗族自治州、安顺市。具体而言,在创业规模竞争力方面,2016年贵州省的整体得分是0.399,排序为18。省内表现比较突出的城市是贵阳市、遵义市、毕节市、黔南布依族苗族自治州、黔东南苗族侗族自治州。在创业环境竞争力方面,2016年贵州省的整体得分是0.173,排序为26。省内表现比较突出的城市是贵阳市、遵义市、黔西南布依族苗族自治州、毕节市、安顺市。在创业产出竞争力方面,2016年贵州省的整体得分是0.119,排序为22。省内表现比较突出的城市是贵阳市、黔东南苗族侗族自治州、遵义市、安顺市、毕节市(见图4-20、表4-77、表4-78、表4-79、表4-80)。

表4-77 2016年贵州省设区市创业竞争力一级指标得分及其排序

城市	创业竞争力 得分	排序	01 创业规模 得分	排序	02 创业环境 得分	排序	03 创业产出水平 得分	排序
贵阳市	0.8969	1	0.800	1	0.946	1	0.950	1
遵义市	0.4677	2	0.521	2	0.555	2	0.388	3
毕节市	0.3284	3	0.466	3	0.166	4	0.294	5
黔东南苗族侗族自治州	0.3202	4	0.327	5	0.151	6	0.390	2
安顺市	0.2921	5	0.251	9	0.161	5	0.382	4

续表

城市	创业竞争力 得分	创业竞争力 排序	01 创业规模 得分	01 创业规模 排序	02 创业环境 得分	02 创业环境 排序	03 创业产出水平 得分	03 创业产出水平 排序
黔南布依族苗族自治州	0.2144	6	0.399	4	0.138	9	0.104	8
黔西南布依族苗族自治州	0.1956	7	0.275	8	0.207	3	0.129	6
六盘水市	0.1896	8	0.303	7	0.150	7	0.119	7
铜仁市	0.1714	9	0.304	6	0.148	8	0.078	9

图 4-20 贵州省创业竞争力示意图

表4-78 2016年贵州省设区市创业规模竞争力得分及其排序

城市	01 创业规模竞争力		011 近三年来创业企业数		012 近三年创业企业注册资本		013 当年创业企业数		014 当年战略新兴产业创业企业数		015 当年战略新兴产业创业企业占比	
	得分	排序	得分	排序	得分	排序	得分	排序	得分	排序	得分	排序
贵阳市	0.800	1	1.000	1	1.000	1	1.000	1	1.000	1	1.000	1
遵义市	0.521	2	0.673	2	0.587	2	0.681	2	0.617	2	0.561	5
毕节市	0.466	3	0.576	3	0.444	4	0.609	3	0.610	3	0.715	2
黔东南苗族侗族自治州	0.327	5	0.413	6	0.332	8	0.401	5	0.374	5	0.637	3
安顺市	0.251	9	0.307	9	0.313	9	0.332	8	0.223	9	0.456	9
黔南布依族苗族自治州	0.399	4	0.488	4	0.556	3	0.509	4	0.421	4	0.559	6
黔西南布依族苗族自治州	0.275	8	0.326	8	0.353	7	0.328	9	0.293	7	0.606	4
六盘水市	0.303	7	0.420	5	0.358	6	0.371	7	0.252	8	0.460	8
铜仁市	0.304	6	0.371	7	0.374	5	0.400	6	0.301	6	0.510	7

表4-79 2016年贵州省设区市创业环境竞争力得分及其排序

城市	02 创业环境竞争力		021 区域平均办公租金		022 区域平均劳动力成本		023 宏观综合赋税水平		024 创业网站个数		025 区域创业新闻条数	
	得分	排序	得分	排序	得分	排序	得分	排序	得分	排序	得分	排序
贵阳市	0.946	1	0.346	9	0.581	6	1.000	1	1.000	1	1.000	1
遵义市	0.555	2	0.513	8	0.555	8	0.630	5	0.687	2	0.434	2
毕节市	0.166	4	0.708	5	1.000	1	0.691	4	0.000	3	0.102	7
黔东南苗族侗族自治州	0.151	6	0.674	6	0.843	3	0.492	7	0.000	3	0.112	5
安顺市	0.161	5	0.585	7	0.682	4	0.455	8	0.000	3	0.167	4
黔南布依族苗族自治州	0.138	9	0.779	2	0.607	5	0.948	2	0.000	3	0.048	9
黔西南布依族苗族自治州	0.207	3	1.000	1	0.565	7	0.357	9	0.000	3	0.247	3
六盘水市	0.150	7	0.766	3	0.972	2	0.535	6	0.000	3	0.082	8
铜仁市	0.148	8	0.732	4	0.544	9	0.739	3	0.000	3	0.106	6

表4-80 2016年贵州省设区市创业产出水平竞争力得分及其排序

城市	03 创业产出水平竞争力 得分	排序	031 近三年创业企业专利申请数 得分	排序	032 近三年创业企业有效发明专利数 得分	排序	033 近三年创业企业著作权数 得分	排序	034 新三板企业数 得分	排序	035 新三板企业市值 得分	排序	036 近三年战略新兴产业创业企业专利申请数 得分	排序	037 近三年战略新兴产业创业企业有效发明专利数 得分	排序	038 近三年战略新兴产业创业企业著作权数 得分	排序
贵阳市	0.950	1	1.000	1	0.819	2	1.000	1	1.000	1	1.000	1	1.000	1	0.671	2	1.000	1
遵义市	0.388	3	0.833	2	0.771	3	0.405	2	0.000	6	0.000	6	0.741	2	0.278	4	0.130	2
毕节市	0.294	5	0.180	7	1.000	1	0.052	8	0.000	6	0.000	6	0.364	6	1.000	1	0.013	7
黔东南苗族侗族自治州	0.390	2	0.730	3	0.179	5	0.207	4	0.616	2	0.206	2	0.604	3	0.167	6	0.078	5
安顺市	0.382	4	0.473	5	0.608	4	0.119	5	0.438	3	0.146	3	0.395	4	0.390	3	0.104	3
黔南布依族苗族自治州	0.104	8	0.526	4	0.030	8	0.099	7	0.000	6	0.000	6	0.391	5	0.000	8	0.065	6
黔西南布依族苗族自治州	0.129	6	0.206	6	0.119	7	0.114	6	0.146	4	0.044	4	0.121	8	0.056	7	0.078	4
六盘水市	0.119	7	0.066	9	0.000	9	0.327	3	0.146	4	0.023	5	0.007	9	0.000	8	0.013	7
铜仁市	0.078	9	0.178	8	0.179	5	0.021	9	0.000	6	0.000	6	0.170	7	0.278	4	0.000	9

第二十一节 云南省

云南省2016年在全国各省、直辖市和自治区中创业竞争力排序为20，得分为0.249。

云南省内数据显示，创业综合竞争力排序第一类是昆明市；第二类是曲靖市、楚雄彝族自治州、红河哈尼族彝族自治州、玉溪市。具体而言，在创业规模竞争力方面，2016年云南省的整体得分是0.410，排序为15。省内表现比较突出的城市是昆明市、曲靖市、红河哈尼族彝族自治州、大理白族自治州、楚雄彝族自治州。在创业环境竞争力方面，2016年云南省的整体得分是0.212，排序为22。省内表现比较突出的城市是昆明市、曲靖市、楚雄彝族自治州、丽江市、文山壮族苗族自治州。在创业产出竞争力方面，2016年云南省的整体得分是0.141，排序为21。省内表现比较突出的城市是昆明市、楚雄彝族自治州、曲靖市、玉溪市、红河哈尼族彝族自治州（见图4-21、表4-81、表4-82、表4-83、表4-84）。

表4-81　2016年云南省设区市创业竞争力一级指标得分及其排序

城市	创业竞争力 得分	排序	01 创业规模 得分	排序	02 创业环境 得分	排序	03 创业产出水平 得分	排序
昆明市	0.9062	1	0.783	1	0.911	1	1.000	1
曲靖市	0.4658	2	0.499	2	0.562	2	0.397	3
楚雄彝族自治州	0.4143	3	0.398	5	0.355	3	0.453	2
红河哈尼族彝族自治州	0.3657	4	0.460	3	0.184	6	0.373	5
玉溪市	0.3326	5	0.363	6	0.173	7	0.380	4
丽江市	0.2516	6	0.258	11	0.201	4	0.269	6
大理白族自治州	0.2382	7	0.421	4	0.160	9	0.131	10

续表

城市	创业竞争力 得分	排序	01 创业规模 得分	排序	02 创业环境 得分	排序	03 创业产出水平 得分	排序
文山壮族苗族自治州	0.2123	8	0.315	8	0.192	5	0.142	9
西双版纳傣族自治州	0.1910	9	0.209	12	0.094	16	0.220	7
保山市	0.1868	10	0.271	9	0.128	13	0.147	8
昭通市	0.1638	11	0.341	7	0.169	8	0.024	15
临沧市	0.1347	12	0.263	10	0.147	10	0.029	14
普洱市	0.1173	13	0.177	13	0.145	11	0.058	11
德宏傣族景颇族自治州	0.1046	14	0.176	14	0.122	14	0.041	12
迪庆藏族自治州	0.0879	15	0.150	15	0.102	15	0.034	13
怒江傈僳族自治州	0.0629	16	0.096	16	0.134	12	0.005	16

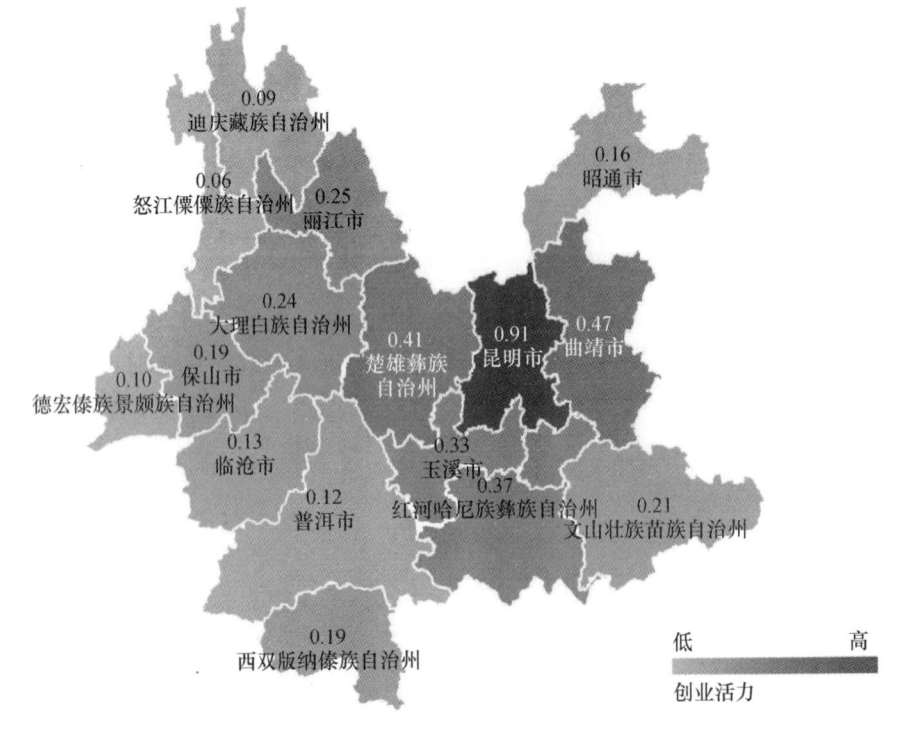

图 4-21 云南省创业竞争力示意图

表4-82 2016年云南省设区市创业规模竞争力得分及其排序

城市	01 创业规模竞争力 得分	排序	011 近三年来创业企业数 得分	排序	012 近三年创业企业注册资本 得分	排序	013 当年创业企业数 得分	排序	014 当年战略新兴产业创业企业数 得分	排序	015 当年战略新兴产业创业企业占比 得分	排序
昆明市	0.783	1	1.000	1	1.000	1	1.000	1	1.000	1	0.664	4
曲靖市	0.499	2	0.636	2	0.618	2	0.643	2	0.615	2	0.480	11
楚雄彝族自治州	0.398	5	0.555	4	0.366	6	0.556	4	0.364	8	0.393	16
红河哈尼族彝族自治州	0.460	3	0.604	3	0.591	3	0.604	3	0.469	4	0.444	14
玉溪市	0.363	6	0.478	6	0.357	7	0.490	6	0.380	6	0.466	13
丽江市	0.258	11	0.288	11	0.260	13	0.284	11	0.386	5	0.717	2
大理白族自治州	0.421	4	0.542	5	0.407	4	0.553	5	0.514	3	0.558	8
文山壮族苗族自治州	0.315	8	0.396	8	0.315	8	0.391	8	0.376	7	0.577	7
西双版纳傣族自治州	0.209	12	0.269	12	0.280	11	0.256	12	0.169	14	0.397	15
保山市	0.271	9	0.318	10	0.289	10	0.341	9	0.328	10	0.579	6
昭通市	0.341	7	0.426	7	0.391	5	0.459	7	0.357	9	0.468	12
临沧市	0.263	10	0.325	9	0.279	12	0.340	10	0.279	11	0.492	10
普洱市	0.177	13	0.163	14	0.125	14	0.250	13	0.243	13	0.585	5
德宏傣族景颇族自治州	0.176	14	0.189	13	0.297	9	0.186	14	0.165	15	0.533	9
迪庆藏族自治州	0.150	15	0.114	15	0.093	15	0.119	15	0.265	12	1.000	1
怒江傈僳族自治州	0.096	16	0.085	16	0.055	16	0.083	16	0.103	16	0.679	3

表4-83　2016年云南省设区市创业环境竞争力得分及其排序

城市	02 创业环境竞争力		021 区域平均办公租金		022 区域平均劳动力成本		023 宏观综合赋税水平		024 创业网站个数		025 区域创业新闻条数	
	得分	排序	得分	排序	得分	排序	得分	排序	得分	排序	得分	排序
昆明市	0.911	1	0.258	16	0.517	15	0.437	15	1.000	1	1.000	1
曲靖市	0.562	2	0.740	7	1.000	1	1.000	1	0.611	2	0.402	2
楚雄彝族自治州	0.355	3	0.458	13	0.581	13	0.646	7	0.611	2	0.058	11
红河哈尼族彝族自治州	0.184	6	0.891	2	0.585	11	0.548	13	0.000	4	0.183	5
玉溪市	0.173	7	0.501	12	0.693	6	0.551	12	0.000	4	0.190	4
丽江市	0.201	4	0.505	11	0.595	9	0.335	16	0.000	4	0.286	3
大理白族自治州	0.160	9	0.436	15	0.593	10	0.691	6	0.000	4	0.164	7
文山壮族苗族自治州	0.192	5	0.828	5	0.577	14	0.874	3	0.000	4	0.174	6
西双版纳傣族自治州	0.094	16	0.440	14	0.596	8	0.607	8	0.000	4	0.026	15
保山市	0.128	13	0.520	10	0.960	2	0.584	10	0.000	4	0.055	12
昭通市	0.169	8	0.800	6	0.618	7	0.866	4	0.000	4	0.122	8
临沧市	0.147	10	0.583	8	0.864	3	0.917	2	0.000	4	0.064	10
普洱市	0.145	11	0.562	9	0.851	4	0.598	9	0.000	4	0.100	9
德宏傣族景颇族自治州	0.122	14	0.837	4	0.727	5	0.506	14	0.000	4	0.042	14
迪庆藏族自治州	0.102	15	1.000	1	0.446	16	0.574	11	0.000	4	0.003	16
怒江傈僳族自治州	0.134	12	0.838	3	0.583	12	0.833	5	0.000	4	0.048	13

第四章 区域城市创业发展评价及排序

表4-84 2016年云南省设区市创业产出水平竞争力得分及其排序

城市	03 创业产出水平竞争力 得分	排序	031 近三年创业企业专利申请数 得分	排序	032 近三年创业企业有效发明专利数 得分	排序	033 近三年创业企业著作权数 得分	排序	034 新三板企业数 得分	排序	035 新三板企业市值 得分	排序	036 近三年战略新兴产业创业企业专利申请数 得分	排序	037 近三年战略新兴产业创业企业有效发明专利数 得分	排序	038 近三年战略新兴产业创业企业著作权数 得分	排序
昆明市	1.000	1	1.000	1	1.000	1	1.000	1	1.000	1	1.000	1	1.000	1	1.000	1	1.000	1
曲靖市	0.397	3	0.626	2	0.658	3	0.256	3	0.325	4	0.001	5	0.606	2	0.133	4	0.127	4
楚雄彝族自治州	0.453	2	0.576	4	0.641	4	0.119	8	0.603	3	0.000	6	0.510	3	0.657	3	0.068	6
红河哈尼族彝族自治州	0.373	5	0.429	7	0.711	2	0.132	7	0.325	4	0.000	9	0.485	4	0.740	2	0.085	5
玉溪市	0.380	4	0.542	5	0.325	6	0.192	4	0.614	2	0.005	3	0.441	5	0.000	5	0.153	3
丽江市	0.269	6	0.353	8	0.407	5	0.345	2	0.163	7	0.000	8	0.334	7	0.000	5	0.195	2
大理白族自治州	0.131	10	0.608	3	0.081	9	0.141	6	0.000	10	0.000	9	0.385	6	0.000	5	0.008	12
文山壮族苗族自治州	0.142	9	0.083	13	0.000	11	0.158	5	0.325	4	0.000	7	0.050	11	0.000	5	0.025	9
西双版纳傣族自治州	0.220	7	0.226	9	0.325	6	0.111	9	0.163	7	0.896	2	0.125	10	0.000	5	0.034	7
保山市	0.147	8	0.441	6	0.325	6	0.060	12	0.000	10	0.000	9	0.325	8	0.000	5	0.025	9
昭通市	0.024	15	0.085	12	0.000	11	0.055	13	0.000	10	0.000	9	0.031	13	0.000	5	0.034	7
临沧市	0.029	14	0.089	11	0.000	11	0.089	10	0.000	10	0.000	9	0.013	14	0.000	5	0.008	12
普洱市	0.058	11	0.067	15	0.000	11	0.004	15	0.163	7	0.002	4	0.006	15	0.000	5	0.000	15
德宏傣族景颇族自治州	0.041	12	0.080	14	0.081	9	0.055	13	0.000	10	0.000	9	0.047	12	0.000	5	0.025	9
迪庆藏族自治州	0.034	13	0.135	10	0.000	11	0.064	11	0.000	10	0.000	9	0.141	9	0.000	5	0.008	12
怒江傈僳族自治州	0.005	16	0.044	16	0.000	11	0.000	16	0.000	10	0.000	9	0.000	16	0.000	5	0.000	15

· 141 ·

第二十二节 西藏自治区

西藏自治区 2016 年在全国各省、直辖市和自治区中创业竞争力排序为 30，得分为 0.085。

西藏自治区内数据显示，创业综合竞争力排序第一类是拉萨市；第二类是日喀则市、山南地区。具体而言，在创业规模竞争力方面，2016 年西藏自治区的整体得分是 0.289，排序为 26。自治区内表现比较突出的城市是拉萨市和日喀则市。在创业环境竞争力方面，2016 年西藏自治区的整体得分是 0.073，排序为 31。自治区内表现比较突出的城市是拉萨市、日喀则市和山南地区。在创业产出竞争力方面，2016 年西藏自治区的整体得分是 0.027，排序为 30。自治区内表现比较突出的城市是拉萨市和山南地区（见图 4-22、表 4-85、表 4-86、表 4-87、表 4-88）。

图 4-22 西藏自治区创业竞争力示意图

表4-85 2016年西藏自治区设区市创业竞争力一级指标得分及其排序

城市	创业竞争力 得分	排序	01 创业规模 得分	排序	02 创业环境 得分	排序	03 创业产出水平 得分	排序
拉萨市	0.7016	1	0.746	1	0.514	1	0.750	1
日喀则市	0.2671	2	0.550	2	0.208	2	0.073	3
山南地区	0.2040	3	0.319	3	0.204	3	0.114	2
昌都市	0.1355	4	0.278	4	0.172	4	0.009	7
林芝市	0.1101	5	0.169	6	0.162	5	0.041	5
那曲地区	0.1007	6	0.228	5	0.068	7	0.016	6
阿里地区	0.0840	7	0.089	7	0.099	6	0.073	3

表4-86 2016年西藏自治区设区市创业规模竞争力得分及其排序

城市	01 创业规模竞争力 得分	排序	011 近三年来创业企业数 得分	排序	012 近三年创业企业注册资本 得分	排序	013 当年创业企业数 得分	排序	014 当年战略新兴产业创业企业数 得分	排序	015 每百万人口中创业企业数 得分	排序	016 当年战略新兴产业创业企业占比 得分	排序
拉萨市	0.746	1	1.000	1	1.000	1	1.000	1	0.790	2	0.344	6	0.746	1
日喀则市	0.550	2	0.619	2	0.516	2	0.652	2	1.000	1	1.000	1	0.550	2
山南地区	0.319	3	0.508	3	0.238	5	0.383	3	0.266	7	0.421	5	0.319	3
昌都市	0.278	4	0.268	6	0.393	3	0.343	4	0.400	3	0.652	2	0.278	4
林芝市	0.169	6	0.296	4	0.252	4	0.165	6	0.050	6	0.182	7	0.169	6
那曲地区	0.228	5	0.274	5	0.130	6	0.276	5	0.316	4	0.645	3	0.228	5
阿里地区	0.089	7	0.116	7	0.048	7	0.090	7	0.063	5	0.423	4	0.089	7

表4-87 2016年西藏自治区设区市创业环境竞争力得分及其排序

城市	02 创业环境竞争力 得分	排序	021 区域平均办公租金 得分	排序	022 区域平均劳动力成本 得分	排序	023 宏观综合赋税水平 得分	排序	024 创业网站个数 得分	排序	025 区域创业新闻条数 得分	排序
拉萨市	0.514	1	0.689	5	0.304	2	0.295	7	0.000	1	1.000	1
日喀则市	0.208	2	0.760	4	0.286	4	0.937	2	0.000	1	0.241	3
山南地区	0.204	3	0.913	2	0.286	4	0.462	6	0.000	1	0.270	2
昌都市	0.172	4	0.762	3	0.275	4	0.610	3	0.000	1	0.199	4
林芝市	0.162	5	1.000	1	0.260	6	0.571	5	0.000	1	0.156	5
那曲地区	0.068	7	0.000	7	0.235	7	1.000	1	0.000	1	0.014	7
阿里地区	0.099	6	0.000	6	1.000	1	0.592	4	0.000	1	0.043	6

表4-88 2016年西藏自治区设区市创业产出水平竞争力得分及其排序

城市	03 创业产出水平竞争力 得分	03 创业产出水平竞争力 排序	031 近三年创业企业专利申请数 得分	031 近三年创业企业专利申请数 排序	032 近三年创业企业有效发明专利数 得分	032 近三年创业企业有效发明专利数 排序	033 近三年创业企业著作权数 得分	033 近三年创业企业著作权数 排序	034 新三板企业数 得分	034 新三板企业数 排序	035 新三板企业市值 得分	035 新三板企业市值 排序	036 近三年战略新兴产业创业企业专利申请数 得分	036 近三年战略新兴产业创业企业专利申请数 排序	037 近三年战略新兴产业创业企业有效发明专利数 得分	037 近三年战略新兴产业创业企业有效发明专利数 排序	038 近三年战略新兴产业创业企业著作权数 得分	038 近三年战略新兴产业创业企业著作权数 排序
拉萨市	0.750	1	1.000	1	0.000	1	1.000	1	1.000	1	1.000	1	1.000	1	0.000	1	1.000	1
日喀则市	0.073	3	0.142	2	0.000	1	0.280	2	0.000	3	0.000	2	0.000	2	0.000	1	0.000	2
山南地区	0.114	2	0.000	6	0.000	1	0.120	4	0.300	2	0.000	2	0.000	2	0.000	1	0.000	2
昌都市	0.009	7	0.071	5	0.000	1	0.000	7	0.000	3	0.000	2	0.000	2	0.000	1	0.000	2
林芝市	0.041	5	0.142	2	0.000	1	0.120	4	0.000	3	0.000	2	0.000	2	0.000	1	0.000	2
那曲地区	0.016	6	0.000	6	0.000	1	0.080	6	0.000	3	0.000	2	0.000	2	0.000	1	0.000	2
阿里地区	0.073	3	0.142	2	0.000	1	0.280	2	0.000	3	0.000	2	0.000	2	0.000	1	0.000	2

第二十三节 陕西省

陕西省 2016 年在全国各省、直辖市和自治区中创业竞争力排序为 17,得分为 0.303。从全省范围内看,在 19 个二级指标中,排序比较靠前的是区域平均办公租金和区域平均劳动力水平,说明该省的创业成本在全国范围内比较有竞争力。

陕西省内数据显示,创业综合竞争力排序第一类是西安市;第二类是咸阳市和宝鸡市;第三类是渭南市。具体而言,在创业规模竞争力方面,2016 年陕西省的整体得分是 0.212,排序为 28。省内表现比较突出的城市是西安市、咸阳市、渭南市和宝鸡市。在创业环境竞争力方面,2016 年陕西省的整体得分是 0.257,排序为 11。省内表现比较突出的城市是西安市、宝鸡市和榆林市。在创业产出竞争力方面,2016 年陕西省的整体得分是 0.193,排序为 17。省内表现比较突出的城市是西安市、咸阳市和宝鸡市(见图 4-23、表 4-89、表 4-90、表 4-91、表 4-92)。

表 4-89 2016 年陕西省设区市创业竞争力一级指标得分及其排序

城市	创业竞争力 得分	排序	01 创业规模 得分	排序	02 创业环境 得分	排序	03 创业产出水平 得分	排序
西安市	0.9764	1	0.968	1	0.937	1	1.000	1
咸阳市	0.3905	2	0.579	2	0.282	4	0.292	2
宝鸡市	0.3900	3	0.541	4	0.392	2	0.272	3
渭南市	0.3076	4	0.572	3	0.129	7	0.181	4
榆林市	0.1580	5	0.213	6	0.324	3	0.042	5

续表

城市	创业竞争力 得分	排序	01 创业规模 得分	排序	02 创业环境 得分	排序	03 创业产出水平 得分	排序
铜川市	0.1210	6	0.263	5	0.126	8	0.008	9
安康市	0.1001	7	0.103	8	0.272	5	0.022	7
汉中市	0.0820	8	0.118	7	0.111	9	0.041	6
延安市	0.0601	9	0.095	9	0.087	10	0.021	8
商洛市	0.0449	10	0.051	10	0.135	6	0.000	10

图 4-23 陕西省创业竞争力示意图

· 146 ·

表4-90 2016年陕西省设区市创业规模竞争力得分及其排序

城市	01 创业规模竞争力 得分	排序	011 近三年来创业企业数 得分	排序	012 近三年创业企业注册资本 得分	排序	013 当年创业企业数 得分	排序	014 当年战略新兴产业创业企业数 得分	排序	015 每百万人口中创业企业数 得分	排序	016 当年战略新兴产业创业企业占比 得分	排序
西安市	0.968	1	1.000	1	1.000	1	1.000	1	1.000	1	1.000	1	0.368	10
咸阳市	0.579	2	0.586	3	0.565	3	0.536	3	0.620	3	0.602	4	0.608	6
宝鸡市	0.541	4	0.536	4	0.371	4	0.479	4	0.621	2	0.625	3	0.721	2
渭南市	0.572	3	0.602	2	0.573	2	0.557	2	0.552	4	0.590	5	0.439	8
榆林市	0.213	6	0.129	6	0.189	6	0.168	5	0.242	5	0.281	6	0.653	5
铜川市	0.263	5	0.130	5	0.202	5	0.119	6	0.160	6	0.641	2	0.593	7
安康市	0.103	8	0.044	9	0.040	9	0.060	9	0.092	8	0.128	8	0.712	3
汉中市	0.118	7	0.049	7	0.044	8	0.063	8	0.125	7	0.103	9	1.000	1
延安市	0.095	9	0.047	8	0.048	7	0.065	7	0.062	9	0.164	7	0.425	9
商洛市	0.051	10	0.010	10	0.008	10	0.014	10	0.021	10	0.033	10	0.707	4

表4-91 2016年陕西省设区市创业环境竞争力得分及其排序

城市	02 创业环境竞争力 得分	排序	021 区域平均办公租金 得分	排序	022 区域平均劳动力成本 得分	排序	023 宏观综合赋税水平 得分	排序	024 创业网站个数 得分	排序	025 区域创业新闻条数 得分	排序
西安市	0.937	1	0.256	10	0.494	10	1.000	1	1.000	1	1.000	1
咸阳市	0.282	4	0.551	8	0.839	2	0.546	2	0.400	4	0.056	5
宝鸡市	0.392	2	0.581	7	0.690	5	0.459	5	0.692	2	0.065	4
渭南市	0.129	7	0.610	6	0.811	3	0.430	6	0.000	6	0.081	2
榆林市	0.324	3	0.360	9	0.509	9	0.183	9	0.631	3	0.042	8
铜川市	0.126	8	0.931	2	0.711	4	0.288	8	0.000	6	0.066	3
安康市	0.272	5	0.650	4	0.650	6	0.531	3	0.400	4	0.046	7
汉中市	0.111	9	0.731	3	0.636	7	0.514	4	0.000	6	0.038	9
延安市	0.087	10	0.633	5	0.527	8	0.161	10	0.000	6	0.047	6
商洛市	0.135	6	1.000	1	1.000	1	0.422	7	0.000	6	0.031	10

表4-92 2016年陕西省设区市创业产出水平竞争力得分及其排序

城市	03 创业产出水平竞争力 得分	排序	031 近三年创业企业专利申请数 得分	排序	032 近三年创业企业有效发明专利数 得分	排序	033 近三年创业企业著作权数 得分	排序	034 新三板企业数 得分	排序	035 新三板企业市值 得分	排序	036 近三年战略新兴产业创业企业专利申请数 得分	排序	037 近三年战略新兴产业创业企业有效发明专利数 得分	排序	038 近三年战略新兴产业创业企业著作权数 得分	排序
西安市	1.000	1	1.000	1	1.000	1	1.000	1	1.000	1	1.000	1	1.000	1	1.000	1	1.000	1
咸阳市	0.292	2	0.204	2	0.613	2	0.159	3	0.135	3	0.408	2	0.550	2	0.639	2	0.089	4
宝鸡市	0.272	3	0.162	3	0.505	3	0.127	4	0.270	2	0.000	6	0.359	4	0.324	3	0.293	3
渭南市	0.181	4	0.154	4	0.224	4	0.163	2	0.135	3	0.000	4	0.371	3	0.324	3	0.391	2
榆林市	0.042	5	0.002	7	0.000	5	0.004	6	0.135	3	0.000	8	0.012	6	0.000	5	0.000	7
铜川市	0.008	9	0.038	5	0.000	5	0.011	5	0.000	9	0.000	8	0.021	5	0.000	5	0.018	5
安康市	0.022	7	0.005	6	0.000	5	0.002	7	0.067	7	0.000	5	0.000	8	0.000	5	0.009	6
汉中市	0.041	6	0.001	9	0.000	5	0.002	7	0.135	3	0.000	7	0.003	7	0.000	5	0.000	7
延安市	0.021	8	0.001	8	0.000	5	0.002	7	0.067	7	0.000	8	0.000	8	0.000	5	0.000	7
商洛市	0.000	10	0.000	10	0.000	5	0.000	10	0.000	9	0.000	8	0.000	8	0.000	5	0.000	7

第二十四节 甘肃省

甘肃省2016年在全国各省、直辖市和自治区中创业竞争力排序为26，得分为0.177。在19个二级指标中，甘肃省排序比较靠前的是区域平均办公租金和当年战略新兴产业创业企业占比。

甘肃省内数据显示，创业竞争力排序第一类为兰州市、白银市、张掖市；第二类为定西市、武威市、酒泉市、天水市、庆阳市；第三类为陇南市、甘南藏族自治州、平凉市、嘉峪关市、临夏回族自治州、金昌市。具体而言，在创业规模竞争力方面，2016年甘肃省的整体得分是0.323，排序为24。省内表现比较突出的城市是兰州市、庆阳市、天水市、张掖市、陇南市。在创业环境竞争力方面，2016年甘肃省的整体得分是0.208，排序为23。省内表现比较突出的城市是兰州市、张掖市、定西市、嘉峪关市、武威市。在创业产出竞争力方面，2016年甘肃省的整体得分是0.049，排序为28。省内表现比较突出的城市是兰州市、白银市、酒泉市、定西市、武威市（见图4-24、表4-93、表4-94、表4-95、表4-96）。

表4-93 2016年甘肃省设区市创业竞争力一级指标得分及其排序

城市	创业竞争力 得分	排序	01 创业规模 得分	排序	02 创业环境 得分	排序	03 创业产出水平 得分	排序
兰州市	0.9512	1	0.970	1	0.808	1	1.000	1
白银市	0.5059	2	0.472	7	0.391	5	0.584	2
张掖市	0.5006	3	0.494	4	0.784	2	0.380	6
定西市	0.4334	4	0.471	8	0.455	3	0.394	4
武威市	0.3703	5	0.472	6	0.151	10	0.389	5
酒泉市	0.3580	6	0.389	9	0.176	9	0.415	3

续表

城市	创业竞争力 得分	创业竞争力 排序	01 创业规模 得分	01 创业规模 排序	02 创业环境 得分	02 创业环境 排序	03 创业产出水平 得分	03 创业产出水平 排序
天水市	0.3182	7	0.513	3	0.194	7	0.222	8
庆阳市	0.3150	8	0.646	2	0.209	6	0.105	11
陇南市	0.2596	9	0.485	5	0.177	8	0.121	10
甘南藏族自治州	0.2378	10	0.225	12	0.116	13	0.302	7
平凉市	0.2004	11	0.311	10	0.144	11	0.140	9
嘉峪关市	0.1452	12	0.123	14	0.412	4	0.044	13
临夏回族自治州	0.1293	13	0.229	11	0.116	14	0.058	12
金昌市	0.0969	14	0.154	13	0.140	12	0.033	14

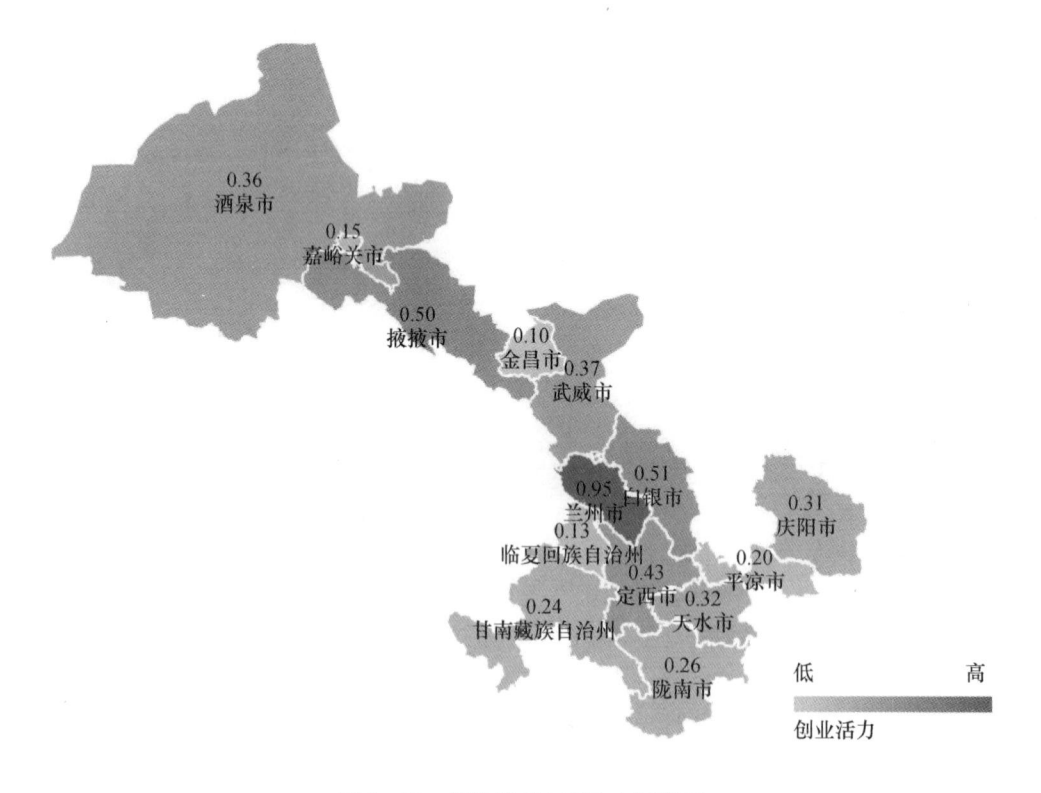

图 4-24 甘肃省创业竞争力示意图

表 4-94　2016 年甘肃省设区市创业规模竞争力得分及其排序

城市	01 创业规模竞争力 得分	排序	011 近三年创业企业数 得分	排序	012 近三年创业企业注册资本 得分	排序	013 当年创业企业数 得分	排序	014 当年战略新兴产业创业企业数 得分	排序	015 每百万人口中创业企业数 得分	排序	016 当年战略新兴产业创业企业占比 得分	排序
兰州市	0.970	1	0.970	1	1.000	1	1.000	1	1.000	1	1.000	1	0.408	14
白银市	0.472	7	0.472	7	0.508	5	0.601	4	0.598	7	0.000	4	0.570	6
张掖市	0.494	4	0.494	4	0.617	2	0.617	3	0.646	4	0.000	4	0.614	5
定西市	0.471	8	0.471	8	0.452	8	0.588	6	0.661	3	0.000	4	0.704	3
武威市	0.472	6	0.472	6	0.603	4	0.551	7	0.620	6	0.000	4	0.657	4
酒泉市	0.389	9	0.389	9	0.469	6	0.495	9	0.468	8	0.000	4	0.544	7
天水市	0.513	3	0.513	3	0.401	9	0.522	8	0.467	9	0.653	3	0.514	9
庆阳市	0.646	2	0.646	2	0.617	3	0.626	2	0.626	5	0.767	2	0.537	8
陇南市	0.485	5	0.485	5	0.466	7	0.601	5	0.831	2	0.000	4	1.000	1
甘南藏族自治州	0.225	12	0.225	12	0.280	11	0.209	12	0.276	11	0.000	4	0.707	2
平凉市	0.311	10	0.311	10	0.365	10	0.418	10	0.318	10	0.000	4	0.437	12
嘉峪关市	0.123	14	0.123	14	0.206	13	0.129	14	0.097	14	0.000	4	0.429	13
临夏回族自治州	0.229	11	0.229	11	0.274	12	0.292	11	0.228	12	0.000	4	0.449	11
金昌市	0.154	13	0.154	13	0.197	14	0.168	13	0.149	13	0.000	4	0.510	10

表4-95　2016年甘肃省设区市创业环境竞争力得分及其排序

城市	02 创业环境竞争力		021 区域平均办公租金		022 区域平均劳动力成本		023 宏观综合赋税水平		024 创业网站个数		025 区域创业新闻条数	
	得分	排序	得分	排序	得分	排序	得分	排序	得分	排序	得分	排序
兰州市	0.808	1	0.194	14	0.518	14	0.397	14	0.757	2	1.000	1
白银市	0.391	5	0.644	6	0.724	5	0.849	5	0.000	5	0.622	2
张掖市	0.784	2	1.000	1	0.628	6	0.886	4	1.000	1	0.575	3
定西市	0.455	3	0.611	7	0.740	4	0.541	10	0.757	2	0.129	8
武威市	0.151	10	0.559	10	0.597	7	0.967	2	0.000	5	0.100	11
酒泉市	0.176	9	0.593	8	0.572	10	0.896	3	0.000	5	0.163	7
天水市	0.194	7	0.291	13	1.000	1	0.762	6	0.000	5	0.203	5
庆阳市	0.209	6	0.495	11	0.558	11	0.445	12	0.000	5	0.297	4
陇南市	0.177	8	0.426	12	0.927	3	0.650	7	0.000	5	0.171	6
甘南藏族自治州	0.116	13	0.776	3	0.548	12	1.000	1	0.000	5	0.000	13
平凉市	0.144	11	0.572	9	0.589	9	0.558	9	0.000	5	0.129	8
嘉峪关市	0.412	4	0.870	2	0.521	13	0.427	13	0.757	2	0.040	12
临夏回族自治州	0.116	14	0.751	5	0.992	2	0.575	8	0.000	5	0.000	13
金昌市	0.140	12	0.771	4	0.593	8	0.445	11	0.000	5	0.111	10

第四章 区域城市创业发展评价及排序

表4-96 2016年甘肃省设区市创业产出水平竞争力得分及其排序

城市	03 创业产出水平竞争力 得分	排序	031 近三年创业企业专利申请数 得分	排序	032 近三年创业企业有效发明专利数 得分	排序	033 近三年创业企业著作权数 得分	排序	034 新三板企业 得分	排序	035 新三板企业市值 得分	排序	036 近三年战略新兴产业创业企业专利申请数 得分	排序	037 近三年战略新兴创业企业有效发明专利数 得分	排序	038 近三年战略新兴产业创业企业著作权数 得分	排序
兰州市	1.000	1	1.000	1	1.000	1	1.000	1	1.000	1	1.000	1	1.000	1	1.000	1	1.000	1
白银市	0.584	2	0.614	3	0.684	2	0.558	3	0.624	2	0.001	3	0.606	5	0.722	2	0.415	3
张掖市	0.380	6	0.574	5	0.305	4	0.349	5	0.420	5	0.001	4	0.603	6	0.000	6	0.600	2
定西市	0.394	4	0.611	4	0.305	4	0.227	8	0.624	2	0.003	2	0.324	7	0.000	6	0.231	6
武威市	0.389	5	0.880	2	0.305	4	0.279	6	0.420	5	0.001	6	0.735	2	0.400	3	0.000	12
酒泉市	0.415	3	0.556	6	0.305	4	0.244	7	0.624	2	0.001	5	0.636	4	0.400	3	0.277	5
天水市	0.222	8	0.370	7	0.000	9	0.139	12	0.420	5	0.000	7	0.644	3	0.000	6	0.092	9
庆阳市	0.105	11	0.363	8	0.000	9	0.192	11	0.000	8	0.000	7	0.222	9	0.000	6	0.323	4
陇南市	0.121	10	0.159	12	0.153	8	0.227	8	0.000	8	0.000	7	0.205	10	0.400	3	0.092	9
甘南藏族自治州	0.302	7	0.166	11	0.684	2	0.633	2	0.000	8	0.000	7	0.000	14	0.000	6	0.092	9
平凉市	0.140	9	0.204	10	0.000	9	0.471	4	0.000	8	0.000	7	0.316	8	0.000	6	0.231	7
嘉峪关市	0.044	13	0.142	13	0.000	9	0.087	13	0.000	8	0.000	7	0.102	12	0.000	6	0.138	8
临夏回族自治州	0.058	12	0.131	14	0.000	9	0.209	10	0.000	8	0.000	7	0.017	13	0.000	6	0.000	12
金昌市	0.033	14	0.238	9	0.000	9	0.000	14	0.000	8	0.000	7	0.154	11	0.000	6	0.000	12

· 153 ·

第二十五节 青海省

青海省 2016 年在全国各省、直辖市和自治区中创业竞争力排序为 31，得分为 0.084。在 18 个二级指标中，青海省排序比较靠前的是区域平均办公租金和区域平均劳动力成本。

青海省内数据显示，创业综合竞争力排序第一类是西宁市；第二类是海东市。具体而言，在创业规模竞争力方面，2016 年青海省的整体得分是 0.136，排序为 31。在创业环境竞争力方面，2016 年青海省的整体得分是 0.163，排序为 28。在创业产出竞争力方面，2016 年青海省的整体得分是 0.008，排序为 31。省内所有表现比较突出的城市是西宁市和海东市（见图 4-25、表 4-97、表 4-98、表 4-99、表 4-100）。

表 4-97 2016 年青海省设区市创业竞争力一级指标得分及其排序

城市	创业竞争力 得分	排序	01 创业规模 得分	排序	02 创业环境 得分	排序	03 创业产出水平 得分	排序
西宁市	0.9085	1	0.800	1	0.963	1	0.969	1
海东市	0.5786	2	0.504	2	0.620	2	0.618	2
海西蒙古族藏族自治州	0.3788	3	0.475	3	0.143	4	0.408	3
海南藏族自治州	0.2522	4	0.259	4	0.128	6	0.302	5
玉树藏族自治州	0.2503	5	0.174	6	0.138	5	0.359	4
海北藏族自治州	0.1573	6	0.208	5	0.175	3	0.110	6
黄南藏族自治州	0.0707	7	0.142	7	0.090	8	0.007	7
果洛藏族自治州	0.0518	8	0.091	8	0.100	7	0.000	8

图4-25 青海省创业竞争力示意图

表4-98 2016年青海省设区市创业规模竞争力得分及其排序

城市	01 创业规模竞争力 得分	排序	011 近三年创业企业数 得分	排序	012 近三年创业企业注册资本 得分	排序	013 当年创业企业数 得分	排序	014 当年战略新兴产业创业企业数 得分	排序	015 每百万人口中创业企业数 得分	排序	016 当年战略新兴产业创业企业占比 得分	排序
西宁市	0.800	1	1.000	1	1.000	1	1.000	1	1.000	1	1.000	1	0.800	1
海东市	0.504	2	0.655	2	0.635	3	0.657	2	0.665	2	0.261	8	0.504	2
海西蒙古族藏族自治州	0.475	3	0.568	3	0.691	2	0.537	3	0.558	3	0.918	2	0.475	3
海南藏族自治州	0.259	4	0.300	4	0.364	4	0.291	4	0.259	4	0.682	4	0.259	4
玉树藏族自治州	0.174	6	0.201	6	0.269	5	0.222	6	0.121	6	0.389	6	0.174	6

续表

城市	01 创业规模竞争力		011 近三年创业企业数		012 近三年创业企业注册资本		013 当年创业企业数		014 当年战略新兴产业创业企业数		015 每百万人口中创业企业数		016 当年战略新兴产业创业企业占比	
	得分	排序	得分	排序	得分	排序	得分	排序	得分	排序	得分	排序	得分	排序
海北藏族自治州	0.208	5	0.248	5	0.210	6	0.240	5	0.206	5	0.629	5	0.208	5
黄南藏族自治州	0.142	7	0.185	7	0.127	7	0.180	7	0.096	7	0.380	7	0.142	7
果洛藏族自治州	0.091	8	0.074	8	0.056	8	0.075	8	0.070	8	0.742	3	0.091	8

表 4-99　2016 年青海省设区市创业环境竞争力得分及其排序

城市	02 创业环境竞争力		021 区域平均办公租金		022 区域平均劳动力成本		023 宏观综合赋税水平		024 创业网站个数		025 区域创业新闻条数	
	得分	排序	得分	排序	得分	排序	得分	排序	得分	排序	得分	排序
西宁市	0.963	1	0.262	7	1.000	1	1.000	1	1.000	1	1.000	1
海东市	0.620	2	0.088	8	0.223	8	0.433	5	0.690	2	0.683	2
海西蒙古族藏族自治州	0.143	4	0.577	6	0.506	7	0.881	2	0.000	3	0.100	5
海南藏族自治州	0.128	6	1.000	1	0.973	2	0.499	3	0.000	3	0.010	8
玉树藏族自治州	0.138	5	0.581	5	0.749	3	0.268	7	0.000	3	0.130	4
海北藏族自治州	0.175	3	0.735	3	0.588	5	0.475	4	0.000	3	0.190	3
黄南藏族自治州	0.090	8	0.590	4	0.558	6	0.384	6	0.000	3	0.030	7
果洛藏族自治州	0.100	7	0.761	2	0.599	4	0.198	8	0.000	3	0.050	6

第四章　区域城市创业发展评价及排序

表4-100　2016年青海省设区市创业产出水平竞争力得分及其排序

城市	O3 创业产出水平竞争力 得分	排序	031 近三年创业企业专利申请数 得分	排序	032 近三年创业企业有效发明专利数 得分	排序	033 近三年创业企业著作权数 得分	排序	034 新三板企业数 得分	排序	035 新三板企业市值 得分	排序	036 近三年战略新兴产业创业企业专利申请数 得分	排序	037 近三年战略新兴产业创业企业有效发明专利数 得分	排序	038 近三年战略新兴产业创业企业著作权数 得分	排序
西宁市	0.969	1	1.000	1	1.000	1	1.000	1	1.000	1	1.000	1	0.950	2	0.000	3	1.000	1
海东市	0.618	2	0.666	2	0.564	4	0.665	2	0.662	3	0.690	2	0.511	4	0.000	3	0.657	2
海西蒙古族藏族自治州	0.408	3	0.579	3	1.000	1	0.258	5	0.000	4	0.000	4	0.601	3	1.000	1	0.382	4
海南藏族自治州	0.302	5	0.160	5	0.689	3	0.323	4	0.000	4	0.000	4	0.420	5	0.745	2	0.632	3
玉树藏族自治州	0.359	4	0.000	7	0.000	5	0.582	3	0.745	2	0.004	3	0.000	6	0.000	3	0.382	4
海北藏族自治州	0.110	6	0.453	4	0.000	5	0.129	5	0.000	4	0.000	4	1.000	1	0.000	3	0.000	6
黄南藏族自治州	0.007	7	0.056	6	0.000	5	0.000	7	0.000	4	0.000	4	0.000	6	0.000	3	0.000	6
果洛藏族自治州	0.000	8	0.000	7	0.000	5	0.000	7	0.000	4	0.000	4	0.000	6	0.000	3	0.000	6

第二十六节 宁夏回族自治区

宁夏回族自治区 2016 年在全国各省、直辖市和自治区中创业竞争力排序为 28，得分为 0.139。在 19 个二级指标中，宁夏回族自治区排序比较靠前的是区域平均办公租金，说明该区的创业成本在全国范围内比较有竞争力。

宁夏回族自治区内数据显示，创业综合竞争力排序第一类是银川市；第二类是中卫市和固原市。具体而言，在创业规模竞争力方面，2016 年宁夏回族自治区的整体得分是 0.220，排序为 27。自治区内表现比较突出的城市是银川市和吴忠市。在创业环境竞争力方面，2016 年宁夏回族自治区的整体得分是 0.166，排序为 27。自治区内表现比较突出的城市是银川市和石嘴山市。在创业产出竞争力方面，2016 年宁夏回族自治区的整体得分是 0.064，排序为 26。自治区内表现比较突出的城市是银川市和吴忠市（见图 4-26、表 4-101、表 4-102、表 4-103、表 4-104）。

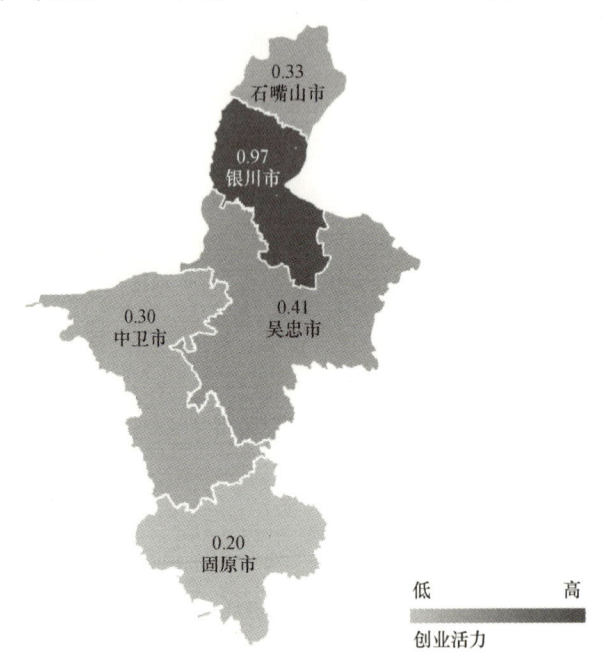

图 4-26 宁夏回族自治区创业竞争力示意图

表 4-101　2016年宁夏回族自治区设区市创业竞争力一级指标得分及其排序

城市	创业竞争力		01 创业规模		02 创业环境		03 创业产出水平	
	得分	排序	得分	排序	得分	排序	得分	排序
银川市	0.9718	1	0.969	1	0.913	1	1.000	1
吴忠市	0.4127	2	0.461	2	0.189	5	0.475	2
石嘴山市	0.3341	3	0.323	4	0.471	2	0.281	3
中卫市	0.3027	4	0.457	3	0.274	3	0.195	4
固原市	0.2000	5	0.322	5	0.269	4	0.074	5

表 4-102　2016年宁夏回族自治区设区市创业规模竞争力得分及其排序

城市	01 创业规模竞争力		011 近三年来创业企业数		012 近三年创业企业注册资本		013 当年创业企业数		014 当年战略新兴产业创业企业数		015 每百万人口中创业企业数		016 当年战略新兴产业创业企业占比	
	得分	排序	得分	排序	得分	排序	得分	排序	得分	排序	得分	排序	得分	排序
银川市	0.969	1	1.000	1	1.000	1	1.000	1	1.000	1	1.000	1	0.388	4
吴忠市	0.461	2	0.453	2	0.366	2	0.454	2	0.478	3	0.502	2	0.536	3
石嘴山市	0.323	4	0.259	5	0.204	4	0.241	5	0.347	4	0.465	4	0.746	2
中卫市	0.457	3	0.373	3	0.337	3	0.376	3	0.672	2	0.500	3	1.000	1
固原市	0.322	5	0.330	4	0.184	5	0.324	4	0.239	5	0.406	5	0.375	5

表 4-103　2016年宁夏回族自治区设区市创业环境竞争力得分及其排序

城市	02 创业环境竞争力		021 区域平均办公租金		022 区域平均劳动力成本		023 宏观综合赋税水平		024 创业网站个数		025 区域创业新闻条数	
	得分	排序	得分	排序	得分	排序	得分	排序	得分	排序	得分	排序
银川市	0.913	1	0.342	5	0.527	5	0.385	5	1.000	1	1.000	1
吴忠市	0.189	5	0.677	2	0.755	3	0.560	4	0.000	4	0.198	3
石嘴山市	0.471	2	1.000	1	1.000	1	1.000	1	0.000	4	0.714	2
中卫市	0.274	3	0.599	3	0.774	2	0.715	2	0.300	2	0.111	5
固原市	0.269	4	0.551	4	0.537	4	0.605	3	0.300	2	0.143	4

表4–104 2016年宁夏回族自治区设区市创业产出水平竞争力得分及其排序

城市	03 创业产出水平竞争力 得分	03 创业产出水平竞争力 排序	031 近三年创业企业专利申请数 得分	031 近三年创业企业专利申请数 排序	032 近三年创业企业有效发明专利数 得分	032 近三年创业企业有效发明专利数 排序	033 近三年创业企业著作权数 得分	033 近三年创业企业著作权数 排序	034 新三板企业数 得分	034 新三板企业数 排序	035 新三板企业市值 得分	035 新三板企业市值 排序	036 近三年战略新兴产业创业企业专利申请数 得分	036 近三年战略新兴产业创业企业专利申请数 排序	037 近三年战略新兴产业创业企业有效发明专利数 得分	037 近三年战略新兴产业创业企业有效发明专利数 排序	038 近三年战略新兴产业创业企业著作权数 得分	038 近三年战略新兴产业创业企业著作权数 排序
银川市	1.000	1	1	1	1.000	1	1.000	1	1.000	1	1.000	1	1.000	1	1.000	1	1.000	1
吴忠市	0.475	2	0.418	3	0.809	2	0.069	5	0.653	2	0.013	2	0.426	4	0.607	2	0.106	4
石嘴山市	0.281	3	0.520	2	0.273	3	0.120	4	0.300	3	0.002	3	0.740	2	0.462	3	0.176	2
中卫市	0.195	4	0.297	4	0.227	4	0.171	2	0.150	4	0.001	5	0.457	3	0.385	4	0.106	4
固原市	0.074	5	0.085	5	0.000	5	0.171	2	0.075	5	0.001	4	0.014	5	0.000	5	0.141	3

第二十七节 新疆维吾尔自治区

新疆维吾尔自治区2016年在全国各省、直辖市和自治区中创业竞争力排序为27，得分为0.142。在17个二级指标中，新疆维吾尔自治区排序比较靠前的是区域平均办公租金，说明该自治区的创业成本在全国范围内比较低。

新疆维吾尔自治区内数据显示，创业综合竞争力排序第一类是乌鲁木齐市；第二类是昌吉回族自治州、伊犁哈萨克自治州、喀什地区。具体而言，在创业规模竞争力方面，2016年河南省的整体得分是0.136，排序为31。自治区内表现比较突出的城市是乌鲁木齐市、昌吉回族自治州、喀什地区、巴音郭楞蒙古自治州、阿克苏地区。在创业环境竞争力方面，2016年新疆维吾尔自治区的整体得分是0.163，排序为28。自治区内表现比较突出的城市是伊犁哈萨克自治州、乌鲁木齐市、昌吉回族自治州、哈密地区、塔城地区。在创业产出竞争力方面，2016年新疆维吾尔自治区的整体得分是0.008，排序为31。自治区内表现比较突出的城市是乌鲁木齐市、昌吉回族自治州、喀什地区、伊犁哈萨克自治州、克拉玛依市（见图4-27、表4-105、表4-106、表4-107、表4-108）。

表4-105　2016年新疆维吾尔自治区设区市创业竞争力一级指标得分及其排序

城市	创业竞争力		01 创业规模		02 创业环境		03 创业产出水平	
	得分	排序	得分	排序	得分	排序	得分	排序
乌鲁木齐市	0.7791	1	0.789	1	0.487	2	0.901	1
昌吉回族自治州	0.5272	2	0.548	2	0.378	3	0.578	2
伊犁哈萨克自治州	0.5209	3	0.437	6	0.615	1	0.545	4
喀什地区	0.4853	4	0.524	3	0.273	7	0.550	3
塔城地区	0.3578	5	0.364	7	0.357	5	0.354	6

续表

城市	创业竞争力 得分	排序	01 创业规模 得分	排序	02 创业环境 得分	排序	03 创业产出水平 得分	排序
巴音郭楞蒙古自治州	0.3500	6	0.513	4	0.066	14	0.350	7
克拉玛依市	0.3477	7	0.242	10	0.212	8	0.491	5
阿克苏地区	0.3324	8	0.474	5	0.189	9	0.286	8
哈密地区	0.2806	9	0.361	8	0.357	4	0.184	12
阿勒泰地区	0.2637	10	0.209	12	0.350	6	0.268	9
博尔塔拉蒙古自治州	0.1905	11	0.229	11	0.072	13	0.213	11
和田地区	0.1866	12	0.358	9	0.132	10	0.078	13
吐鲁番地区	0.1732	13	0.146	14	0.113	11	0.221	10
克孜勒苏柯尔克孜自治州	0.0763	14	0.165	13	0.082	12	0.005	14

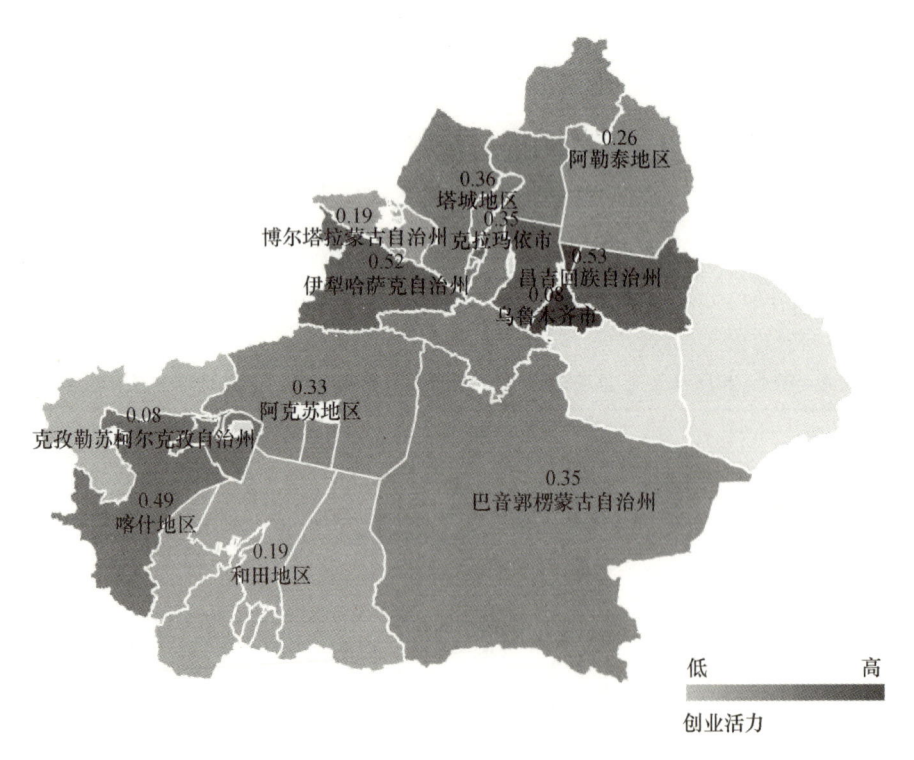

图 4-27 新疆维吾尔自治区创业竞争力示意图

表4-106　2016年新疆维吾尔自治区设区市创业规模竞争力得分及其排序

城市	01 创业规模竞争力		011 近三年来创业企业数		012 近三年创业企业注册资本		013 当年创业企业数		014 当年战略新兴产业创业企业数		015 每百万人口中创业企业数		016 当年战略新兴产业创业企业占比	
	得分	排序	得分	排序	得分	排序	得分	排序	得分	排序	得分	排序	得分	排序
乌鲁木齐市	0.789	1	1.000	1	1.000	1	1.000	1	1.000	1	0.779	6	0.789	1
昌吉回族自治州	0.548	2	0.656	4	0.692	2	0.651	3	0.687	2	1.000	1	0.548	2
伊犁哈萨克自治州	0.437	6	0.472	7	0.628	3	0.597	6	0.544	6	0.575	10	0.437	6
喀什地区	0.524	3	0.659	2	0.621	5	0.663	2	0.656	3	0.661	7	0.524	3
塔城地区	0.364	7	0.520	6	0.423	9	0.457	8	0.303	9	0.419	13	0.364	7
巴音郭楞蒙古自治州	0.513	4	0.658	3	0.628	4	0.642	4	0.626	4	0.583	9	0.513	4
克拉玛依市	0.242	10	0.231	12	0.442	8	0.237	11	0.267	11	0.848	4	0.242	10
阿克苏地区	0.474	5	0.607	5	0.465	7	0.614	5	0.609	5	0.630	8	0.474	5
哈密地区	0.361	8	0.409	9	0.553	6	0.400	9	0.433	7	0.784	5	0.361	8
阿勒泰地区	0.209	12	0.242	10	0.175	13	0.200	13	0.235	12	0.908	2	0.209	12
博尔塔拉蒙古自治州	0.229	11	0.239	11	0.231	11	0.248	10	0.285	10	0.879	3	0.229	11
和田地区	0.358	9	0.462	8	0.324	10	0.481	7	0.403	8	0.529	11	0.358	9
吐鲁番地区	0.146	14	0.213	13	0.228	12	0.148	14	0.071	14	0.301	14	0.146	14
克孜勒苏柯尔克孜自治州	0.165	13	0.202	14	0.158	14	0.208	12	0.144	13	0.437	12	0.165	13

表4-107 2016年新疆维吾尔自治区设区市创业环境竞争力得分及其排序

城市	02 创业环境竞争力 得分	排序	021 区域平均办公租金 得分	排序	022 区域平均劳动力成本 得分	排序	023 宏观综合赋税水平 得分	排序	024 创业网站个数 得分	排序	025 区域创业新闻条数 得分	排序
乌鲁木齐市	0.487	2	0.230	14	0.513	13	0.000	2	1.000	1	0.487	2
昌吉回族自治州	0.378	3	0.431	13	0.559	10	0.000	2	0.729	2	0.378	3
伊犁哈萨克自治州	0.615	1	0.521	10	0.667	6	1.000	1	0.345	8	0.615	1
喀什地区	0.273	7	0.504	11	0.708	4	0.000	2	0.471	6	0.273	7
塔城地区	0.357	5	0.593	9	1.000	1	0.000	2	0.615	4	0.357	5
巴音郭楞蒙古自治州	0.066	14	0.795	5	0.533	12	0.000	2	0.000	12	0.066	14
克拉玛依市	0.212	8	0.452	12	0.423	14	0.000	2	0.373	7	0.212	8
阿克苏地区	0.189	9	0.831	4	0.611	8	0.000	2	0.260	9	0.189	9
哈密地区	0.357	4	0.664	7	0.583	9	0.000	2	0.655	3	0.357	4
阿勒泰地区	0.350	6	0.619	8	0.967	2	0.000	2	0.602	5	0.350	6
博尔塔拉蒙古自治州	0.072	13	0.769	6	0.665	7	0.000	2	0.000	12	0.072	13
和田地区	0.132	10	1.000	1	0.691	5	0.000	2	0.106	10	0.132	10
吐鲁番地区	0.113	11	0.949	2	0.557	11	0.000	2	0.084	11	0.113	11
克孜勒苏柯尔克孜自治州	0.082	12	0.913	3	0.723	3	0.000	2	0.000	12	0.082	12

第四章 区域城市创业发展评价及排序

表4-108 2016年新疆维吾尔自治区设区市创业产出水平竞争力得分及其排序

城市	O3 创业产出水平竞争力 得分	排序	O31 近三年创业企业专利申请数 得分	排序	O32 近三年创业企业有效发明专利数 得分	排序	O33 近三年创业企业著作权数 得分	排序	O34 新三板企业数 得分	排序	O35 新三板企业市值 得分	排序	O36 近三年战略新兴产业创业企业专利申请数 得分	排序	O37 近三年战略新兴产业创业企业有效发明专利数 得分	排序	O38 近三年战略新兴产业创业企业著作权数 得分	排序
乌鲁木齐市	0.901	1	0.858	2	0.646	3	1.000	1	1.000	1	1.000	1	0.874	2	1.000	4	1.000	1
昌吉回族自治州	0.578	2	1.000	1	0.255	10	0.633	3	0.612	3	0.000	8	1.000	1	1.000	1	0.632	2
伊犁哈萨克自治州	0.545	4	0.454	6	0.509	6	0.748	2	0.612	3	0.001	7	0.440	5	0.000	6	0.632	2
喀什地区	0.550	3	0.436	8	1.000	1	0.490	4	0.339	5	0.850	2	0.112	10	0.000	6	0.632	2
塔城地区	0.354	6	0.658	4	0.858	2	0.206	7	0.113	10	0.000	9	0.293	6	0.000	6	0.043	9
巴音郭楞蒙古自治州	0.350	7	0.679	3	0.509	6	0.127	9	0.226	7	0.000	9	0.670	3	1.000	1	0.258	7
克拉玛依市	0.491	5	0.369	9	0.255	10	0.395	5	0.771	2	0.001	5	0.616	4	1.000	1	0.632	2
阿克苏地区	0.286	8	0.287	11	0.509	6	0.174	8	0.339	5	0.001	4	0.086	11	0.000	6	0.000	10
哈密地区	0.184	12	0.559	5	0.000	12	0.237	6	0.113	10	0.000	10	0.267	7	0.000	6	0.560	6
阿勒泰地区	0.901	1	0.858	2	0.646	3	1.000	1	1.000	1	1.000	1	0.874	2	1.000	4	1.000	1
博尔塔拉蒙古自治州	0.578	2	1.000	1	0.255	10	0.633	3	0.612	3	0.000	8	1.000	1	1.000	1	0.632	2
和田地区	0.545	4	0.454	6	0.509	6	0.748	2	0.612	3	0.001	7	0.440	5	0.000	6	0.632	2
吐鲁番地区	0.550	3	0.436	8	1.000	1	0.490	4	0.339	5	0.850	2	0.112	10	0.000	6	0.632	2
克孜勒苏柯尔克孜自治州	0.354	6	0.658	4	0.858	2	0.206	7	0.113	10	0.000	10	0.293	6	0.000	6	0.043	9

· 165 ·

编者说明

创业是催生市场新生力量，是释放市场活力的重要引擎。党和国家对"双创"高度重视，党的十八大以来，习近平总书记多次对创新创业工作做出重要指示，强调推进大众创业、万众创新，是发展的动力之源，也是富民之道、公平之计、强国之策，对于推动经济结构调整、打造发展新引擎、增强发展新动力、走创新驱动发展道路具有重要意义，是稳增长、扩就业、激发亿万群众智慧和创造力，促进社会纵向流动、公平正义的重大举措。《中国创业竞争力发展报告(2018)》以2016年31个省、直辖市、自治区以及全国336个设区市为评价对象。课题组根据当前最新的研究成果，构建了符合区域创业发展实际的、比较全面、科学的评价指标体系及评价模型，包括创业规模、创业环境、创业产出3个一级指标、19个二级指标，充分体现区域创业活力的总体情况。报告编写过程中，课题组坚持实事求是，用数据说话，所用数据全部来自全国2017年的统计年鉴，各省份2017年的统计年鉴，苏州数塔数据有限公司，报告力求形成真实客观、与实际相符的研究报告，确保报告的准确性、科学性。希望本报告能够帮助各地及相关政府部门更加准确地了解和把握本地创业竞争力状况，找出存在的问题和短板，进而采取有针对性的举措和对策，推动区域创业竞争力的提升。

本报告是江苏省人才发展战略研究院科教人才研究中心、南京理工大学创业教育学院、江苏省科技厅科技人才思想库集体成果。报告由周小虎主持完成，张慧、毕轲、王帅斌负责数据计算和报告撰写；杨倚奇、段光、吴杲、鲁涛、张双喜为报告参与报告策划和理论研讨。朱蕾、张燕、后曼、胡涛、孔小小等负责数据核对和报告撰写。

在此,对给予本报告大力支持的江苏省科技厅法规处、江苏人才发展战略研究院区域中心、江苏省经济和信息化委员会(中小企业局)等单位和县(市)以及专家学者致以衷心的感谢。

由于编写时间紧促,如有不当之处敬请批评指正。

《中国创业竞争力发展报告(2018)》课题组